뜻으로 읽는 금강경

뜻으로 읽는 금강경

초판 1쇄 인쇄 2023년 9월 1일
초판 1쇄 발행 2023년 9월 7일

지 은 이 김 창 영
펴 낸 이 김 혜 승
펴 낸 곳 따뜻한손
디 자 인 차 창 익

등록번호 제13-1345호
등록일자 2002년 12월 7일

주 소 서울특별시 종로구 혜화로 35
전 화 02)574-1114
이 메 일 humandom@naver.com
ISBN 978-89-91274-70-9 02220

다이아몬드보다 빛나는 지혜

글
김창영

따뜻한손

맨발의 싯다르타

1. 하늘 위 하늘 아래 나 홀로 높네

2. 나를 찾아 떠나는 여행

3. 세계의 중심에서 세상을 깨우다

4. 살아 있는 것들은 다 행복해라

금강반야바라밀경

맨발의 싯다르타

1. 하늘 위 하늘 아래 나 홀로 높네

연꽃을 밟고 온 아기

설산에서 녹아내린 시냇물이 봄을 노래하는 새날 새 아침. 들꽃을 깨우는 새들 이야기를 들으며 동산을 거닐던 왕비가 그윽한 향내를 풍기는 나무로 다가갔다. 세상의 걱정을 다 들어주는 나무 아소카가 주황색 꽃이 흐드러진 가지를 늘어뜨려 아름다운 왕비를 맞았다.

해산 기미를 느낀 왕비는 해 뜨는 쪽으로 뻗은 무우수 나뭇가지를 오른손으로 잡았다. 시녀들이 자리를 펴고 출산 준비를 마치자 왕비의 오른쪽 옆구리에서 준수하게 생긴 아기가 나왔다. 여섯 개 상아를 가진 하얀 코끼리가 연꽃을 물고 하늘에서 내려와 오른쪽 옆구리로 들어오는 꿈을 꾼 지 열두 달 되는 날이었다.

온몸에 황금빛이 영롱한 사내아기는 우주를 창조했다는 신 마하브라흐마와 하늘을 주재하는 신 인드라가 입혀준 옷을 걸치고 동서남북, 네 방향을 향해 차례로 일곱 걸음을 걸었다. 오른손은 하늘을, 왼손으로는 땅을 가리킨 아기 입에서 세상 사람들이 단 한 번도 들어보지 못한 한 편의 시가 흘러 나왔다.

> 나는 세상에서 가장 뛰어나네. Aggo' ham asmi lokassa.
>
> 나는 세상에서 가장 높네. Jetto' ham asmi lokassa.
>
> 나는 세상에서 가장 거룩하네. Setto' ham asmi lokassa.

포효하는 사자처럼 우렁찬 목소리가 사방팔방으로 메아리쳤다. 늠름한 기상에서 우러나오는 생명의 찬가가 하늘과 땅을 감동시켜, 운율에 맞춰 천둥번개가 치고 지축이 흔들렸다.

오랫동안 인도인들을 지배해온 브라만교 신들 앞에

서 미래의 붓다가 읊은 '탄생의 노래탄생게'는, 사람은 누구나 신보다도 위대한 잠재력을 타고났음을 일깨워주는 금언이지만, 수 세기 동안 입에서 입으로 전해져 내려왔기 때문에 수록된 경전마다 표현이 조금씩 다르다. 스승의 말씀을 함부로 글자로 옮기는 것을 제자들이 삼간 데다, 문자가 없는 언어가 많아서 기록으로 정착되는 데 수백 년이 걸렸기 때문이다.

> 하늘 위 하늘 아래 나 홀로 높네.
>
> 천상천하 유아독존 天上天下 唯我獨尊

우리에게 익숙한 글귀는 1천여 년 뒤 인도 땅 천축으로 불경을 구하러 간 당나라 고승 현장의 번역이다. 부처님이 사용한 인도 서민들의 말 — 팔리 어 경전에는 "고통 받는 이 세상에 다시는 태어나지 않으리라"는 서원이, 현장의 한문본에는 "온갖 생명중생이 겪고 있는 고통을 평안케 해주리라"는 서약이 이어진다.

온 누리가 존재하는 것은 내가 있기 때문이다. '나'라는 존재가 없다면, 나를 낳아준 부모도 있을 수 없다.

내가 사는 나라도, 광활한 세계도, 해와 달과 별이 반짝이는 우주도 인식할 수 없다. 나는 누구보다 고귀하고 무엇보다 소중하다. 이 세상은 무수한 '나'로 이루어져 있다. 내가 나의 '나'라면, 너는 너의 '나'다. 그러므로 사람은 누구나 자유롭고 평등하다.

'가장 뛰어나다chief'는 것은, 세상의 주인은 '나'라는 인간의 주체성 선언이다. '가장 높다highest'는 것은, 사람 위에 사람 없다는 인류의 존엄성을 설파한 진리다. '가장 거룩하다noblest'는 것은, 미물이든 영물이든 온갖 생물은 부처가 될 수 있는 씨앗을 가지고 있으므로 모든 생명은 숭고하다는 만물일체 사상의 토대다.

미움과 싸움으로 얼룩진 지구별에 사랑과 연민의 꽃을 활짝 피울 아기 성자가 걸음을 옮길 때마다 크고 작은 이변과 기적이 일어난다. 마른 땅에서 연꽃이 솟아올라 귀여운 발을 받쳐준 것은 단지 사소한 이적 가운데 하나일 뿐.

하지만 어린 왕자 앞에는 하늘도 어쩌지 못할 슬픔이 도사리고 있었다. 마치, 가장 높은 산에 오르려면 가장 깊고 험한 계곡을 스스로 헤쳐나가야 한다는 듯이.

모든 소원을 이루어주는 사람

천신과 인간이 어울려 음악을 연주하고 잔치를 베풀며 룸비니 동산에서 이레 낮, 이레 밤을 머문 왕자 일행은 왕비의 육신을 모시고 카필라 성에 입성한다.

친정 부모 앞에서 출산하려고 왕궁을 떠나 고향으로 가던 왕비는 룸비니 동산에서 산후 조리도 마치기 전에 하늘나라로 돌아갔다. 옥동자를 낳은 지 첫이레 만에 세상과 맺은 인연의 끈을 거둔 것이다.

슈도다나 왕은 '싯다르타Siddartha'라는 이름을 지어놓고 태자를 기다리고 있었다. '정갈한 밥정반 淨飯'이라는 뜻을 가진 호칭 그대로 작고 평화로운 농업국가를 끼니 걱정 없는 나라로 만들었으니 앞으로 백성들의 소원을 '다 이루라실달다 悉達多'는, 아버지의 간절한 염원이 담긴 작명이었다.

성 안에 사는 백성들과 왕족들이 길게 줄을 서서 싯다르타 일행을 맞았다. 마을마다, 고을마다 오색 깃발이 나부끼고 돌아가며 잔치가 벌어져 나그네와 걸인, 기르는 동물과 굶주린 짐승들이 배불리 먹었다.

왕실의 전통에 따라 임금은 점성가들을 불렀다. 신생아의 미래를 점치기 위해서였다. 태자의 온몸을 조심스레 살펴본 예언자들은 태어날 때 이미 가지런하게 솟은 마흔 개의 치아, 지혜와 광명을 갖춘 눈썹 사이의 하얀 터럭, 정수리에 볼록하게 솟아오른 살, 소라같이 둥글게 말린 머리칼, 황금색으로 빛나는 살결을 두루 살펴보며 놀라움을 금치 못한다.

서른두 가지 신묘한 형상32상과 여든 가지 미묘한 상호80종호를 태자는 빠짐없이 갖추고 있었다. 왕위에 오르면 창이나 칼을 쓰지 않고도 세계를 통일하는 전륜성왕이 되고, 집을 떠나 수행을 한다면 '깨달은 자 부처Buddha'가 되어 세상을 구할 운을 타고났다고 오래 전부터 전해 내려오는 천하의 길상이었다.

히말라야 산속에서 구도에 전념해 온 아시타 선인이 샤카석가족의 본거지인 카필라바투카필라바스투를 찾아온 것도 그 무렵이었다. 자연에서 벌어지는 기적과 '부처님이 출현하셨다'는 신들의 속삭임이 노인과 제자의 발길을 재촉했다.

임금은 태자를 몸소 안고 와서 선인의 품에 넘겼다. 천신보다 위엄 있고 햇빛보다 찬란한 아기의 자태가 늙은 선인의 감탄을 자아냈다.

'오! 고통 받는 모든 목숨을 거칠고 험한 세상사바세계에서 구해 주실 대장부께서 마침내 이 땅에 오셨구나!'

감정이 북받친 선인은 바닥에 꿇어앉아 슬피 울었다. 아시타의 눈에서 뚝뚝 떨어지는 눈물에 궁궐의 양탄자가 얼룩졌다. 마흔 살 넘어 귀하게 얻은 늦둥이에게 사소한 액운이라도 미칠세라 당황하는 임금의 기색을 보고 황급히 울음을 거둔 노인이 까닭을 설명했다.

"어진 임금이시여, 한없는 중생이 지금 불난 집에서 탐욕의 불길에 휩싸여 있습니다. 태자께서는 머지않아 진리의 비를 내려 중생을 불길에서 구해 주실 것입니다. 부처님이 되어 진리를 널리 펼치시더라도 나이 많은 이 늙은이는 그때까지 살 수 없어 슬퍼하는 것이니 자애로운 백성의 어버이시여, 크게 기뻐하소서."

임금은 상을 내리고 연회를 베풀어 선인과 일행을 치하했다. 하지만 맘 한구석을 차지하고 있는 서운함과 불안감은 감출 수 없었다. 샤카는 도시국가 규모의 약소국. 슈도다나는 '라자Raja 임금'라고 불렸지만 전제왕국의 '대왕Maharaja'들과는 격이 달랐다. 성주에 가까운 귀족회의의 주재자라 카리스마를 갖춘 불세출의 영웅을 후계자로 세워 강대국으로 키우는 게 필생의 소원일 수밖에 없는 처지였다.

태자가 보위를 버리고 수행의 길로 나아갈 것이라는 조짐은 일찍부터 나타났다. 원로들과 함께 하늘의 신들에게 제사를 지내러 천묘로 갈 때였다. 거리에 향을 피우고 꽃을 뿌리며 행차를 하는데, 천인과 천녀들이 앞장서서 하늘에서 가져온 꽃으로 신전을 장식하고 선율이 뛰어난 악기로 신묘한 음악을 연주하고 있었다.

부왕이 태자를 안고 묘실로 들어서자 더 놀라운 광경이 벌어졌다. 돌로 만든 신상神像들이 차례로 내려와 경배하고, 천신들은 한 목소리로 신생아를 찬양했다.

"오, 거룩한 이 싯다르타여!"

걸출한 태자, 도도한 부인

슈도다나 왕은 마야 부인의 동생 마하프라자파티를 계비로 맞아들였다. 이모이자 새엄마 손에 키워진 태자가 일곱 살이 되자 부왕은 양이 끄는 수레에 태워 학당에 보냈다. 태자는 향나무 서첩에 예순네 가지 서체를 써서 스승에게 보여 주었다.

산스크리트 전기에 '소년의 교사'로 나오는 비슈바미트라는 맨 앞에 적힌 두 가지 글자밖에 모른다고 털어놓았다. 1천 년 넘게 인도를 지배하고 있던 아리안 족은 문자가 없었다. 쐐기 모양의 셈 족 글씨를 본떠 히브리 문자를 만들 때까지 고대 그리스와 같은 문명국에도 말을 기록할 수단이 없었으니 인도 최고의 학자라 하더라도 한두 종류의 서체밖에 모르는 게 흉은 아니었다.

태자는 산수를 배우고 무술과 병법도 공부했다. 천문학과 점성술도 익혔다. 샤카는 농사가 주업이라 세금을 매기는 셈법이나 날씨와 일식 같은 천기가 제왕학의 일부였다. 태자는 말을 다루는 재간도 뛰어났다. 무예 대회에 나가 활을 쏘자 화살이 떨어진 곳에 우물이 생겼다는 일화가 지금까지 전설처럼 전해오고 있다.

싯다르타는 열일곱에 혼인을 한다. 오백 명의 경쟁자를 물리친 우승자는 야소다라. 샤카 족이 세운 또 하나의 공화국 데바다하를 다스리는 영주 수프라붓다선각 善覺의 딸로, 우리 식으로 촌수를 따지자면 싯다르타의 4촌 동생이고, 나중에 극진히 석가모니를 모시는 아난다아난와, 석가모니와 끊임없이 경쟁하는 데바닷타의 누이다.

샤카 족은 근친결혼이 전래의 풍습이라 마야 부인과 마하프라자파티 부인의 부친도 수프라붓다다. 부왕이 태자에게 지위와 명호를 그대로 물려주어 부자의 이름이 같아졌다.

야소다라는 미모만큼이나 자존심이 강했다. 태자에게 일찍 짝을 지어주려고 슈도다나는 꽃다운 규수들을 궁으로 초대하여 선물을 나눠주게 한다. 소문을 듣고 온 나라에서 처녀들이 몰려들었다.

"보석이라면 우리 성에도 많잖아요!"

도도한 야소다라는 참석을 거부한다.

“사실은 저 행사가 싯다르타 태자의 배필을 고르려고 공개적으로 선을 보는 자리”라고 아버지가 설득하자 뒤늦게 맘을 돌려 카필라에 도착했을 때는 선물 바구니가 비어 있었다. “나에게 창피를 줄 셈이냐”고 따지는 공주에게 태자는 몸에 걸친 장신구를 벗어주려 한다. 그러자 공주가 말린다.

“오라버니의 귀한 몸을 장식한 보석까지 차지할 생각은 없습니다. 오히려 이 몸으로 오라버니의 옥체를 빛나게 해드리고 싶습니다.”

태자비로 간택되어 처음 궁궐에 들어갈 때도 신부는 면사포를 쓰지 않았다. “전통과 관례에 어긋난다”며 집안 어른들이 말리자 신부는 “흠도 없는 얼굴을 굳이 천으로 감쌀 필요가 있느냐”고 반문하며 맨얼굴로 당당히 입궐했다. 야소다라다운 처신이었다.

싯다르타에게 두 명의 부인이 더 있었다는 기록도 있다. 부왕은 세 군데에 호화로운 궁궐을 짓고 태자를 향락에 빠지게 한다. 동궁의 둘레에 세 겹의 문을 달아 세상과의 교류를 막고 매일 잔치를 베풀었다. 사내아이도 태어났다. 세속적으로는 완벽한 환경이었다. 그러나 아름다운 여인들과 안락한 일상은 싯다르타의 관심사가 아니었다. 속세의 인연이나 인간의 힘으로는 미래불의 발길을 붙잡을 수 없어 운명의 시간은 거침없이 달려오고 있었다.

'장애물'이라는 이름의 아들

지금 지명으로 네팔 남부 타라이 지방에 자리 잡은 샤카는 신라의 화백제도와 비슷한 합의제로 나라를 이끄는 평화스러운 부족국가였다. 강력한 리더십을 바탕으로 이웃 부족들을 정복하며 세력을 키워 가던 전제국가에 비해 영토가 작고 군사력이 약했지만, 경제구조는 탄탄했다.

히말라야 기슭에서 솟아난 물이 크고 작은 하천을 이루며 강으로 유입되는 동안 영양분이 쌓여 땅이 기름지고 수량도 넉넉했다. 아열대 기후라 한 해에도 여러 번 작물을 재배할 수 있어 식량과 자원이 풍부하고 백성들은 부지런했다.

높은 생활수준에 걸맞게 의식과 문화도 발달했다. 태자를 위해서라면 임금과 왕족들이 아낌이 없어 계절마다 동궁이 바뀌고, 앵무새와 꾀꼬리가 정원과 연못을 날아다니며 풍요를 노래했다. 사프란을 띄운 물에 목욕을 할 때는 세 명의 시녀가 시중을 들고, 사향을 바른 몸에 비단옷을 입혔다.

궁중 놀이에 싫증이 나면 싯다르타는 시종들을 거느리고 교외로 나가 천렵을 즐겼다. 서른 대의 마차가 앞뒤를 호위하는 가마를 타고 용모가 수려한 태자가 나들이하는 모습은 장관이었다.

성곽 밖은 완전 딴 세상이었다. 궁궐 문을 한 걸음만 나서면 생존경쟁이 벌어지는 냉혹한 사회가 그를 기다리고 있었다. 태어나고 늙고 병들고 죽는 생로병사의 과정도 수시로 낯선 얼굴을 들이밀었다.

동문을 통해 밖으로 나가자 머리가 하얀 노인이 허리를 숙인 채 힘없이 터벅터벅 걸어왔다. 남문으로 나가서는 자기가 토해 놓은 음식물 위에서 뒹굴며 신음하는 병자의 모습을 보고 슬픔에 잠겨 되돌아온다. 서문으로 나선 날은 장례 행렬과 마주치고, 북문으로 출타해서는 머리와 수염을 깨끗이 깎고 감색 옷을 걸친 수행자를 보고 맘이 설렌다.

높지도 낮지도 않은 곳을 바라보며 똑바로 걸어오는 사문Samana의 풍채는 한 나라의 태자라도 깍듯이 인사하고 대화를 청하지 않을 수 없을 만큼 의연하고 당당했다. 네 번째 외출에서 어릴 적 각오를 다시 다진 태자는 동산에서 저물녘까지 놀았다. 사바세계에서의 마지막 유희였다.

미역을 감고 향을 뿌린 다음 새 옷으로 갈아입고 돌아갈 채비를 차리는데, 시종이 부왕의 전갈을 가지고 달려왔다. 부부의 연을 맺은 지 12년 만에 태자비가 사내아이를 출산했다는 낭보였다. 그에게는 그러나 희소식이 아니었다.

'라훌라가 태어났구나.'

라훌라는 '장애물'이라는 뜻. 사랑과 애착의 대상이 하나 더 늘어 집을 떠나는 데 걸림돌이 될 것이라고 내

다본 것이다. 아니나 다를까. 어느새 축하 인파가 몰려, 돌아오는 길이 시장바닥같이 붐볐다. 태자는 궁궐에 도착하자 마부 찬다카를 불러 "밤이 깊어지면 애마 칸타카를 대령하라"고 당부한다.

출가 당시 라훌라가 일곱 살이었다는 설도 있다. 야소다라와 짝을 맺은 지 이태 뒤에 출가했다는 경전도 있다. 하지만 스물아홉이 불교계 정설이다. "나는 스물아홉 살에 출가해 선한 길을 찾았다"고 기록한 『유행경』이 근거다. 다른 경전에도 비슷한 구절이 보인다.

'라훌라'라는 말에는 '월식'이라는 의미도 있으므로 달이 지구의 그림자에 가려진 날 출생했을 것이라는 추론도 있다. 훗날 라훌라가 부친의 종단에 출가하고, 훨씬 뒤 10대 제자가 된 뒤에도 이름이 바뀌지 않았으며, 태자비가 종종 '라훌라의 어머니'라고 불린 것을 보면 '장애'라는 부정적 뉘앙스보다 '월식'이라는 탄생일의 특별한 징후가 더 큰 의미를 가졌을 가능성도 있다.

2. 나를 찾아 떠나는 여행

더 높고 큰 세계

예전 인도인들은 육체적 가치인 쾌락Kama, 경제적 가치인 안락Artha, 정신적 가치인 진리Dharma, 종교적 가치인 해탈Moksha을 인생의 목표로 삼았다. 소년 시절에는 스승의 집에서 예절과 경전을 배우고, 성년이 되면 집에 돌아와 가정을 꾸리고, 아들이 장성하면 가산을 넘겨준 뒤 숲에 들어가 수행을 하고, 삶을 정리할 때가 오면 바리때공양 그릇와 물병만 들고 지팡이에 의지해 걸식을 하는 게 사내대장부의 일생이었다.

대를 이을 자손을 부왕 품에 안겨준 싯다르타는 백마를 타고 똑바로 동쪽으로 나아간다. 새벽녘에 도착한 곳은 마이네야. 선인이 살았다는 유서 깊은 마을이었다. 그는 팔에 끼고 있던 신기한 구슬마니을 마부에게 풀어주며 부왕에게 굳은 결심을 전해드리라고 당부한다.

어려서부터 몸에 지니고 있던 영락과 패물은 어머니와 부인에게 보낸다. 태자로서, 아들로서, 지아비로서 그리고 갓난아기의 아버지로서 혈육의 정을 정리하는 하직 인사였다.

"나는 세속적 욕망이 없습니다. 선업을 쌓아 천상에 다시 태어나고 싶지도 않습니다. 바른길을 몰라 괴로워하는 중생에게 진정한 삶의 의미를 찾아주는 것이 유일한 목표입니다. 오래 전부터 훌륭한 임금들은 나라가 안정되면 사직을 물려주고 숲으로 들어갔다고 배웠습니다. 내 결심도 그와 같아서 최상의 진리를 찾을 때까지는 결어 나오지 않을 것이니, 부디 옥체 보전하소서."

차고 있던 칼을 뽑아 머리를 자르고 사냥꾼과 옷을 바꿔 입어 사문 차림을 갖춘 싯다르타는 쿠시나가르로 간다. 그 다음 방향을 바꾸어 코살라의 수도 슈라바스티사위성를 거쳐 바이샬리에 도착한다. 히말라야 설산 대신 도회지를 택한 것이다. 그곳은 자이나교를 재건한 마하비라의 출신지로, 아라다 카라마라는 선인이 살고 있었다. 열여섯에 출가한 뒤 백여 년 동안 수행에 힘써 3백여 명의 제자를 거느린 명상의 고수였다.

그는 반쯤 눈을 감고 생각을 한곳에 집중하여 선정禪定에 들면 '나'와 '남'이라는 분별과 소유에 대한 집착을 끊고, 외부의 일은 물론 맘의 움직임까지도 초월해 무념무상無念無想에 이르는 법을 가르쳐 주었다. 그러나 그 이상의 단계는 성취하지 못한 미완의 멘토였다.

어렵지 않게 선정삼매에 들어 '무소유처無所有處' 상태에 다다른 싯다르타는 120세 선인의 만류를 뿌리치고 강들의 왕인 강가갠지스 강을 건넌다. 그의 눈은 더 높고 큰 세계를 향하고 있었다.

문화와 문명이 고루 발달한 마가다의 수도 라자그리하왕사성에 도착한 사문은 우드라카 라마푸트라 문하로 들어간다. 스스로 깨달은 독특한 호흡법과 명상법을 7

백 명의 제자에게 지도하는 당대 제일의 스승이었다. 그는 모든 상념을 버리고, 생각하고 있다는 생각도 잊은 뒤, 무의식과 잠재의식까지 뛰어넘어 생각이 있는 것도 아니고 없는 것도 아닌 '비상 비비상 非想 非非想'의 경지에 이르는 비결을 전해 주었다.

오래지 않아 인도 최고의 명상법을 터득한 사문은 이번에도 "문하생들을 같이 지도하자"는 스승의 권유를 마다하고 서남쪽으로 발길을 돌린다. 고통과 고행의 성지에 들어가 뼈를 깎는 수행에 돌입하기 위해서였다.

오랜 방황과 번민 끝에 모든 속박을 벗어던진 싯다르타가 반세기 가까이 지혜롭고 행복하게 사는 법을 세상에 널리 편 뒤, 사바세계에서 맺은 인연을 거두려고 쿠시나가르로 돌아가는 마지막 행로는, 비단옷을 벗고 맨발로 걸었던 구도의 길과 별반 다르지 않았다.

보리 한 알로 버티다

가야산 고행의 숲에는 다양한 수행자가 있었다. 굶어

죽으면 천국에서 부활한다고 믿고 물만 마시는 수행자, 개미를 죽이지 않으려고 빗자루로 길을 쓸며 걷는 수행자, 강물에서 종일 목욕하는 수행자, 몸에 물을 한 방울도 묻히지 않는 수행자, 못 박힌 판자 위에 앉아 피를 흘리는 수행자, 한 발로 서서 주문을 외우는 수행자, 자지 않고 베다를 읽는 수행자, 천신에게 비는 수행자, 칼에 제사를 지내면 번뇌가 끊어진다고 믿는 수행자…

현실에 대한 집착을 끊고 진리의 세계로 들어가려는 목적은 같은데 방법은 다 달랐다. 바위산 꼭대기, 그림자가 머무는 동굴에 자리를 잡은 싯다르타는 극한의 수행을 다짐하며 자세를 가다듬었다. 네 단계로 나뉜 계급에도 들지 못해 '가장 천대 받는 사람들 불가촉천민'이 사는 마을 너머로 강줄기가 보였다.

'욕망을 버리지 못 한 채 고행하는 것은 젖은 나무를 비벼 불을 얻으려는 것과 같다. 생각은 탐욕에서 벗어났으나 몸은 여전히 애착을 버리지 못한 수행자도 마찬가지다. 시냇물은 요란하게 흐르지만 강물은 소리를 내지 않는다. 몸은 설산같이 무겁고 맘은 잠든 호수같이 맑고 고요해야 불변의 진리를 찾을 수 있을 것이다.'

그는 두 다리를 엇갈리게 틀어 가부좌를 하고 비바람이 몰아쳐도 흔들리지 않도록 몸을 다잡은 뒤 맘을 한 곳에 집중했다. 코앞의 깃털도 나부끼지 않도록 가늘고 길게 들숨과 날숨을 조절했다. 온몸에서 열이 나 이마에 송골송골 땀방울이 맺혔다. 간헐적으로 들이마시고 내쉬는 호흡이 싯다르타가 살아있다는 유일한 증거였다.

보리 한 알과 물 한 모금으로 하루를 버텼다. 이틀, 사흘, 나흘… 날이 가고 달이 가고 해가 바뀌자 몸은 여윌 대로 여위어 갔다. 손으로 뱃가죽을 만지면 등뼈가 잡히고, 등을 만지면 뱃가죽이 잡혔다. 염소를 치는 아이들이 침을 뱉고 오줌을 쌌다. 꼬챙이로 귀를 후벼도 싯다르타는 미동도 하지 않았다. 모기와 진딧물에 물린 살갗에선 진물이 흘렀다. 덥수룩한 머리에 새가 집을 지었다.

아름답게 빛나던 청년의 육체는 볼품없이 마르고 목숨은 삶과 죽음의 경계를 넘나들었다. 걱정이 된 천신이 하늘나라 어머니에게 구원을 청했다. 지상에 내려와 외아들을 끌어안고 슬피 우는 마야 부인을 사문이 위로했다.

"어머님 아들은 부처가 되기 전에는 결코 죽지 않습니

다. 어머님 아들은 수행할 때가 가장 행복하오니 사랑하는 어마마마도 천국에서 복덕을 누리소서."

기회를 엿보던 마왕 마라가 그 틈을 파고들었다.

"태자, 세상에서 생명같이 귀한 것은 없소. 육체가 있어야 수행을 하고, 목숨이 붙어있어야 전륜성왕도 되고 부처도 될 수 있는 것 아니겠소?"

"마라여, 내가 구하는 건 지상에서 누리는 영광이 아니오. 나날이 소멸로 치닫는 수명을 나는 아까워하지 않소. 나는 그대의 군대를 모두 알고 있나니 1군은 애욕, 2군은 절망, 3군은 굶주림과 목마름, 4는 갈망, 5는 비굴, 6은 공포, 7은 의혹, 8은 분노, 9는 슬픔, 10은 명예욕 아니오? 그대의 모든 군대와 싸워 반드시 이기겠소. 나는 바르게 생각하고 바르게 행할 것이오."

양극단으로 치우치지 않은 길

왕궁을 떠난 지 어느새 6년. 극단적 수행을 통해서는 고결한 이상을 실현할 수 없다는 사실을 깨달은 싯다르타는 심각한 번민에 빠진다. 어린 시절 부왕을 따라 그해 농사를 시작하는 행사농경제에 갔다가 처음 목격한 삶과 죽음의 처절한 순간이 그에게 처음 심어준 것과 똑같은 원초적 번뇌였다.

열 살 무렵이니 벌써 20여 년 전 화창한 봄날, 슈도다나 왕은 대신들을 이끌고 논에 들어갔다. 시범을 보이려고 왕이 보습으로 흙을 뒤집자 지렁이가 나왔다. 졸지에 햇볕에 모습이 드러난 지렁이는 정신을 차리기도 전에 바람처럼 날아온 물총새한테 물려 허공으로 솟구쳤다. 그것만 해도 소름 끼치는 광경인데, 쏜살같이 날아온 매가 그 새를 낚아채 서쪽 하늘로 날아갔다.

삽시간에 벌어진 살풍경을 보고 충격을 받은 소년은 잠부나무 그늘에 앉아 명상에 빠진다. 행사가 끝나 돌아갈 채비로 부산한데도 그의 명상은 그칠 줄 몰랐다. 태자가 앉은 자리에 드리운 그늘도 아침부터 저녁까지 기울지 않고 그를 지키고 있었다.

'처음부터 새롭게 다시 시작하자.'

삶과 죽음이 순식간에 뒤바뀌는 냉엄한 약육강식을 떠올리며 사문은 자리를 털고 일어섰다. 생과 사는 지금도 도처에서 벌어지는 화급한 존망의 문제이지만, 육체적 고행은 정신적 고통을 해소하는 지름길이 아니라는 사실을 여러 해에 걸친 가혹한 수련이 증명해 주었다.

'몸을 학대하여 육체적 욕망을 억제하거나 정신적 고통을 잠깐 잊는 것은 일시적 현실도피에 지나지 않는다. 정신을 한곳에 집중하여 인간의 본성과 정면으로 마주쳐야 근원적인 해법을 찾을 수 있다. 나의 내면에 오롯이 깃들어 있는 본래의 심성을 찾아내자. 진리는 산속이나 갓길에 깊숙이 숨겨진 보물이 아니라, 넓고 곧고 바른길에 드러나 있어 다들 보고도 그냥 지나친 자연의 순리나 인간의 도리일 것이다.'

싯다르타는 쾌락이나 고행과 같은 극단적인 방식을 버리고, 집착이나 차별과 같은 자기 중심적인 행태를 멀리해야 바른길을 찾을 수 있다는 결론에 도달한다.

'몸과 맘을 다스리고 육체와 정신의 조화를 이루어 아무도 찾지 못한 진리의 길을 개척하기 위해서는 우선

먼저 극도로 피폐해진 체력을 추슬러야 한다.'

그가 수행하던 우루빌바 마을은 마가다 나라 장군이 다스리는 영지였다. 열 명의 딸 가운데 막내인 수자타가 정성껏 끓여준 우유죽을 먹고 기운을 차린 사문은 물소 가죽으로 만든 구두를 벗고 맨발로 미지의 세계를 향해 첫 걸음을 내딛던 '최초의 맘초발심'으로 되돌아간다.

'세상에 태어난 모든 중생은 늙고 병들고 죽는 순환의 굴레를 피할 수 없다. 우리는 하루하루 살아가는 게 아니라 하루하루 죽음을 향해 가고 있는 필멸의 존재. 세상에 변하지 않는 것은 없다. 인간이든 짐승이든, 식물이든 동물이든, 산 것이든 죽은 것이든, 눈에 보이는 모든 형상은 소멸로 가는 변화의 과정을 겪고 있다.'

중도를 찾아라

사문은 몸을 바르게 하고 맘을 가다듬어 명상에 들었다. 낮이 밤이 되고, 밤이 다시 낮이 되어 여러 날이 흐르는 동안 사문의 선정삼매가 이어졌다. 고요한 맘속으로 태고의 적막이 흘러들자 만년설 같은 순백의 영혼에서 이른 봄날 눈석임물처럼 지혜가 샘솟았다.

'마차가 움직이지 않으면 마차를 때려야 하는가, 말을 때려야 하는가. 내가 깨닫지 못하면 몸을 괴롭혀야 하는가, 맘을 다스려야 하는가. 눈에 보이는 모습은 모두 맘이 그린 그림이요, 귀에 들리는 소리는 다 맘속에 아롱진 가락이다. 아름다운 꽃이 시들면 추레해 보이는 것도, 기쁠 때는 노래로 들리다 슬플 때는 울음으로 들리는 새소리도, 다 맘의 작용일 뿐이다.'

이른 아침 동궁에서 새날을 열던 앵무새 소리가 먼 옛날 전생의 기억처럼 아득하게 들렸다. 새소리를 따라온 그리운 얼굴들이 늙고 병들고 죽음에 이른 성문 밖 중생들 얼굴과 하나씩 겹쳤다 멀어져 갔다.

'사랑은 집착을 낳고, 집착은 질투를 낳는다. 미움을 삼가되 애착도 피해야 한다. 줄을 너무 팽팽히 당기거나 느슨하게 풀면 시타르는 맑고 그윽한 소리를 낼 수 없다. 속세의 생활 양식이든 산중의 수행 방식이든, 악기를 다루는 이치와 다를 바 없다. 지나치면 몸과 맘을 상하고, 풀어지면 나태해져 진전이 없다.'

사랑과 미움, 애착과 증오, 쾌락과 고행… 양극단으로 치우친 2분법적 사고방식과 자학적인 수행 방법에서 벗어나, 사문은 마침내 새로운 길을 찾았다.

한쪽으로 치우치기 쉬운 몸과 맘을 하나로 모아 중심을 잡으면, 한가운데로 난 길을 걸을 수 있다. 이것이 '중도 中道 Golden Mean'라는 바른길이다. 바른길을 똑바로 걸어야 '바른 깨달음 정각 正覺'에 이를 수 있다.

바른길은 맘속에 있고, 그것을 보는 것은 지혜의 눈이다. 시간과 공간에도 중도가 있고 중심이 있다. 지독한 고행 끝에 진리에 이르는 궁극적 방법을 발견한 사문은 바른 깨달음을 이루기 위해 결의를 굳게 다지며 자신을 격려한다.

'어제는 흘러간 물이요, 내일은 영원히 오지 않는 신기루다. 과거와 미래, 어제와 내일 가운데 존재하지 않는 한순간을 잡아라. 내가 정진할 수 있는 시간은 오늘, 현재, 바로 이 순간뿐. 쏜살같이 사라지는 현재를 영겁으로 가는 수레로 삼아 우레에 놀라지 않는 사자처럼, 초원을 누비는 무소의 외뿔처럼 담대하게 홀로 가라.'

우드라카와 결별하고 싯다르타를 따라온 다섯 명의 수행자는 싯다르타의 새로운 모습에 실망했다. 가장 어려운 방법만 골라 가장 극심한 고행을 하고서도 성취하지 못한 열반Nirvana의 경지를, 육체와 타협하여 어중간한 방식으로 도달하겠다니 아예 기대할 게 없다고 여긴 것이다. 싯다르타가 처녀의 공양을 받은 다음날, 그들은 그의 곁을 떠났다.

마왕과의 마지막 대결

목숨을 건 마무리 수행을 하러 가야산 꼭대기로 올라가는 길에 싯다르타는 네란자라리란지강에서 목을 축이고 앙상하게 마른 몸을 닦았다.

수만 년, 수억 년 강물은 쉬지 않고 흘러오지만, 땀을 씻고 마실 수 있는 물은 지금 내 곁을 지나고 있는 바로 이 물뿐.

개울이 모여 냇물이 되고, 여러 갈래 강이 하나로 뭉쳐 힘차게 바다로 흘러가지만, 나그네의 갈증을 풀어주는 데 필요한 물은 단 세 모금뿐.

산중턱 옹달샘에서 발원한 물이 바위에 부딪히며 계곡을 지나고 들판을 가로질러 강을 이룬 과정이나, 오랜 세월 부닥치고 부대끼며 살아온 중생들의 삶이나, 사문의 눈에는 다를 게 없었다.

크고 작은 강이 바다라는 이름으로 동화되려면 낮은 곳에서 더 낮은 곳으로 흘러야 하지만, 더운 날 물길을 버리고 하늘로 올라갔다가 눈비가 되어 다시 내리는 수증기가 없다면 바다는 같은 수량, 같은 모양을 유지할 수 없다.

바람이 불면 들풀처럼 납작 엎드려 환경에 적응하지만, 때로는 성난 파도처럼 거세게 도전하여 역경을 뚫고 나가는 뭇 생명들을 돌아보며 가야산 어귀에 다다른 싯다르타 보살은 풀 베는 사내에게 풀 한 다발을 얻는다.

보살은 보리살타菩提薩埵 Bodhisattva의 준말로, 위로는 보리Bodhi 깨달음를 구하고 아래로는 살타Sattva 중생를 구하는 덕 높은 수행자. 쿠샤라는 향내 나는 풀을 보시한 일꾼은 '스바스티카'로, 나중에 불교의 아이콘이 되는 'Svastika만 卍'와 이름이 같다.

보살은 오른쪽으로 세 번 돌며 늠름한 보리수에게 경의를 표한 다음 그늘에 풀을 깔고 앉았다. 동쪽을 향해 반듯한 자세를 취한 그가 필생의 정진을 다짐했다. 보리수가 숨을 죽이고 용맹정진에 들어가는 젊은 보살의 결연한 각오를 경청했다.

> 여기 이 자리에서 내 몸이 메말라도 좋다.
> 가죽과 뼈와 살이 다 녹아버려도 좋다.
> 생사를 초월한 진리를 깨달을 때까지
> 결코 자리에서 일어서지 않으리라!

다급해진 마왕은 1천 명의 자식을 풀어 무력 진압을 시도한다. 강경파와 온건파로 의견이 엇갈린 채 두 패 사이에서 쉽게 결론이 나지 않자 마왕은 급한 나머지 옆에 있는 딸들을 동원한다. 하늘의 선녀로 변한 세 딸이 미모를 앞세워 서른두 가지 교태를 부렸다고 경전은 당시 상황을 전하고 있다.

"청춘은 두 번 다시 오지 않아요. 당신같이 잘생기고 고귀한 왕자에게 고행은 어울리지도 않는 자기 학대예요. 자, 여기, 우리의 빼어난 자태를 보세요.”

‘애착Tanha’이라는 이름을 가진 첫딸이 매끈한 몸매를 뽐내자 ‘혐오Arati’와 ‘탐욕Raga’이라고 불리는 둘째와 셋째도 언니에게 질세라 번갈아 가며 간드러진 노래와 춤사위를 선보였다.

“육체의 쾌락에는 정신적 고통이 뒤따르는 법. 세상 사람들이 욕정에 빠지는 건 이렇게 간단한 이치를 망각하기 때문이오. 나는 절대자유를 성취하여 모든 욕망에서 해방되는 길을 중생에게 알려주려 하오. 그물에 걸리지 않는 바람처럼 자유로운 영혼을 어떻게 그대들 육체로 옭아맬 수 있겠소?”

세 딸의 미인계가 실패하자 마왕은 온갖 야만적인 짓을 저지르며 최후의 결전에 나선다. 그러나 칠흑 같은 어둠도 떠오르는 해는 이길 수 없어, 칼을 휘두르고 활을 쏘고 머리 위에 불덩이를 던져도 싯다르타 앞에 이르면 무기가 꽃으로 변해 주변을 장식했다.

마왕은 마지막 타협안을 제시한다. 세속의 권력을 보장해주겠다는 달콤한 약속이었다. 진리를 찾아 궁궐을 떠난 태자에게 세상의 지배자나 마왕의 자리 같은 권력 놀음은 한갓 대낮에 꾸는 백일몽과 다를 바 없는 아이들 소꿉놀이.

풀이 죽은 채 물러가는 마왕 무리를 안쓰러운 눈으로 바라보는데, 한판 승부를 지켜본 여덟 명의 보리수 여신이 한목소리로 싯다르타의 지혜와 용기를 칭송한다.

"보살은 어두운 밤을 밝히는 보름달처럼, 찬란하게 떠오르는 아침 해처럼, 물 위에 피어나는 연꽃처럼, 밀림의 왕 사자처럼, 수없이 많은 생명을 품은 바다처럼, 산들의 왕 수메루수미산 처럼 한없이 밝고 맑고 넓고 높아 온갖 악마를 물리치고 모든 중생에게 사랑 받으리."

현상 뒤에 감추어진 실상을 보라

마라를 굴복시킨 날 밤, 보살은 시공을 초월한 진리를 터득하기 위해 더없이 깊은 선정에 든다. 제1선정에서는 애증과 선악을 버리고 모든 관념을 떠난 상태에서 초월의 기쁨을 맛본다. 제2선정에서는 '내면적 평화Inner

Peace'에 이르러 영혼과 육체, 자연과 나의 통일을 이룬다. 제3선정에서는 바른 생각과 바른 지혜에 다다라 고도의 '정신적 희열법열 法悅'에 싸인다.

마지막 단계, 진리를 깨우쳤다는 의식조차 초탈한 '청정무구한 심리상태청정심'에서 나와 너, 자아와 비아非我를 넘어 존재 자체의 의식조차 없는 '무아無我'의 세계로 접어들자 먼 하늘이 부옇게 밝아왔다. 어둠에 뒤덮인 세상도 서서히 윤곽을 드러냈다.

어둠이 없으면 밝음도 없다. 밤이 없으면 낮이란 것도 의미가 없다. 사랑이 없으면 이별도 없고, 불타는 고통이 없으면 고통의 불이 꺼진 뒤의 적멸도 있을 수 없다. 번뇌의 늪에서 허우적거리고 나와야 비로소 번뇌라는 짐을 벗고 자유로울 수 있다. 흙속에서 여러 해를 견뎌야 번데기가 허물을 벗고 매미로 환생하듯이. 알에서 태어나는 새는 껍질을 깨야 하늘을 날 수 있듯이.

탄생이 없으면 죽음도 없다. 탄생이 없으면 깨달음도 얻을 수 없다. 탄생이 깨달음의 전제조건이라면, 아프고 늙는 것 또한 평온한 일상에 항상 감사하고, 죽음에 이르기 전에 더 열심히 살라는 죽비일 것이다. 눈보라를 겪고 나야 봄날 햇볕이 따스하고 역경을 겪고 나면 평온한 일상이 더 소중해지듯이. 죽음이라는 삶의 마디가 있어 이승에서의 유한한 시간이 더 귀중해지듯이.

꽃은 피었다 곧 지고, 한 번 태어나면 이윽고 죽는다. 아침에 뜬 해는 저녁에 지고, 달도 차면 기운다. 낳고 죽는 생명현상이나 뜨고 지는 자연현상은 번뇌의 근원이 아니라 자각의 대상이다. 보라, 눈이 녹아 물이 되고 물이 끓어 수증기로 변해도 물이라는 본질이 변하는가. 각기 다른 모습으로 태어나 늙고 병들고 죽는 과정을 거쳐 다음 세상에 다른 생명을 얻는다고 중생이라는 실체가 달라지는가.

죽음이란 삶의 종말이 아니라 새로운 삶의 시작이다. 전생에서 현생을 거쳐 내생으로 가는 과정은, 번데기가 매미가 되고 애벌레가 나비가 되는 탈바꿈과 다름없는 자연의 순환이다.

전생에서 복을 짓고 덕을 쌓아 현생에서 지혜로운 삶을 살고, 내생에 더 높은 깨달음을 얻는 것이 보살의 길이듯, 진리의 눈을 뜬 사람에게 죽음이란 사바에서의 삶을 완성하는 수행의 과정이다.

사람들 삶이 행복하지 못한 것은 죽음이 기다리고 있기 때문이 아니다. 인연 따라 왔다가 인연 따라 가는 '나'라는 존재를 영원한 실체라고 오인하여 지나친 욕심을 부리기 때문이다. 중생들 삶이 고통에 휩싸이는 것은 잠깐 손에 쥐었다가 놓고 갈 것을 영원한 소유물이라고 착각하여 성내고 다투는 데에서 비롯된다.

'어둠이 내리고 밤이 되면 그림자도 나를 버린다. 언젠가 사라질 내 몸뚱이를 진짜 '나'라고 생각하지 마라. 오해와 오만, 착각과 망상이야말로 재물이나 권력과 같은 허상에 목숨을 걸게 해 나를 고통에 빠뜨리고 사바세계를 '고통의 바다고해 苦海'로 만드는 마음의 병이 아닐 수 없다. 용맹한 사자를 죽음에 이르게 하는 것은 밀림의 적이 아니라 사자 뱃속을 갉아먹는 기생충사자충이듯이.'

네 가지 성스러운 진리

진리의 길, 깨달음으로 가는 첫 걸음은 실상에 대한 정확한 인식이다. 네 단계로 이어진 깊고 오묘한 선정을 통해 속세의 현실을 관찰하고 중생을 어둠에서 구할 해법을 찾은 보살은 사바세계에서 살아가는 사람들의 삶을 한마디로 정의한다.

'고 苦 Suffering.' 태어나서 죽을 때까지 기쁘고 화나고 슬프고 즐겁고 사랑하고 미워하고 욕망하고 실망하는 일이 되풀이되지만, 일상의 감정 뒤에 가려진 일생의 본질을 고통이라고 진단한 것이다.

사랑도 사람의 일이라, 사랑에도 고통이 따르는 게 인간들 삶이다. 만나면 언젠가 헤어지는 순간이 온다. 빛이 강하면 그림자가 짙듯, 사랑이 깊으면 이별의 고통도 크다. 미워하는 사람과 마주치고, 원하는 것을 갖지 못하는 것 또한 고통이다. 보고 듣고 맛보고 느끼는 일시적 감각의 대상을 보배라고 여겨 빼앗고 빼앗기고 때로는 목숨을 걸기도 하니 중생의 일생은 고통의 연속이 아닐 수 없다.

고통이 있으면 반드시 고통이 생긴 까닭이 있다. 이것이 깨달음으로 가는 두 번째 걸음으로 '모든 고통에는 원인집 集 Cause이 있다'는 진리다. 중생의 괴로움은 태어날 때 가지고 있던 순진무구한 맘에 때가 끼고 더러워져 진리를 보고도 진리를 깨닫지 못하는 무명無明에서 비롯된다.

태풍이 몰아쳐 언제 난파할지 모르는 배에 타고서도 남의 보따리를 탐내고탐 貪 좋은 자리를 차지하려고 성질을 부리고진 瞋 화를 낸다. 다 같이 힘을 합쳐야 난국을 헤쳐 나갈 수 있다는 사실도 모르는 어리석음치 痴 때문이다. 탐진치 — 이것이야말로 아름다운 세상을 고통의 바다로 만드는 세 가지 독소3독 三毒다.

세 번째 걸음은 '괴로움은 반드시 소멸한다멸 滅 Ending'는 적극적이고 능동적인 명제다. 설원에서 솟아난 샘물처럼 맑고 투명한 심성에 먹구름이 끼면 한 손에 권력을 쥐고 있어도 만족하지 못하고, 양손에 황금을 쥐고 있어도 결핍을 느낀다. 불만이 가득하니 감사할 줄 모르고, 감사할 줄 모르니 불행할 수밖에 없다.

인생 자체가 고통이라는 사실을 알고 원인도 찾았으면, 반드시 괴로움에서 벗어나겠다는 굳은 각오와 신념을 가져야 한다.

선정을 통해 지혜의 샘에 다다르고, 망아지같이 날뛰는 맘을 다스려 말과 행동을 윤리와 도덕에 맞게 조율하며, 낮은 자세로 나날의 일상에 감사하면 자연스럽게 행복이 움튼다. 하늘을 우러러 한 점 부끄러움이 없다면 지상의 어떤 괴로움도 이겨낼 수 있다. 이것이 네 번째 걸음으로 '괴로움을 극복하고 지극한 행복 열반 Nirvana 에 이르는 길 도 道 Liberation'이다.

붓다가 갖춘 32상을 보았다고 붓다를 본 것이 아니다. 붓다의 음성을 들었다고 진리를 터득한 것도 아니다. 달을 보았다고 달의 실상을 본 것이 아니고 해를 보았다고 해의 실체를 아는 것이 아니듯이. 달이 뜨지 않는다고 달이 없어진 게 아니고, 서산에 해가 진다고 해가 사라지는 것이 아니듯이.

지혜의 눈으로 실체를 보고, 진리의 눈으로 실상을 간파하는 것 — 이것이 바로 깨달음을 얻는 구도의 길이다. 탐내고 성내고 어리석었던 어제의 자아를 버리고 새로운 '나'로 거듭나 육체적 정신적 자유를 누리는 참다운 삶이다. 일상이 행복한 생애로 가는 네 번째 길 — 도의 첫 걸음은 '하늘 위, 하늘 아래 내가 가장 높다'는 위대한 자각이자 '세상에서 내가 제일'이라는 아집과 욕심의 굴레로부터 벗어나는 자기해방Self-Liberation 이다.

여덟 갈래 올바른 길, 여섯 가지 실천명제

고-집-멸-도라는 '4단계의 성스러운 진리4성제 四聖諦 Four Noble Truths'는 석가모니가 평생 풀어놓은 말씀을 집대성한 팔만대장경 — 저 거대한 지혜의 성으로 들어가는 첫 번째 열쇠다. 대장경이라는 진리의 숲을 아우르는 몇 개의 열쇳말키워드 가운데 하나이기도 하다.

도의 문을 열고 대자유의 세계에 입성해 행복과 평화를 누리려면 여덟 가지 바른길을 걸어야 한다.

올바른 견해로 진리를 탐구하는 정견正見. 올바른 생각으로 맘속에 숨어 있는 악을 내쫓는 정사유正思惟. 올바른 말로 남을 이끌어주는 정어正語. 올바른 행위로 남을 돕는 정업正業. 올바른 생활로 나를 존중하고 남을 배려하는 정명正命. 올바른 노력으로 지혜를 갈고 닦는 정정진正精進. 올바른 인식으로 잡다한 생각을 제어하는 정념正念. 올바른 선정에 들어 3독을 씻어 내는 정정正定.

이것이 4성제에 도달하는 여덟 가지 바른길 — '8정도八正道 Noble Eightfold Path'다. 얼이 바르면 맘이 바르고, 맘이 바르면 말이 바르고, 말이 바르면 올바른 태도로 이어져 '나도 이롭고 남도 이로운자리이타 自利利他' 보살행을 실천하게 된다. 한마디로 일상이 수련이고 일생이 수행이니, 인간 행복과 인류 평화의 길은 멀고도 가깝다는 뜻일 것이다.

열반의 세계 — '강 건너 저쪽 언덕피안 彼岸 Para'으로 건너가기Mita 위해서는 여덟 가지 바른길을 걸어 '지혜반야 Panna, Prajna의 배반야용선'를 타야 한다. 금강반야바라밀경금강경 Diamond Sutra이나 마하반야바라밀다심경반야심경 Heart Sutra과 같은 경전은 금강석같이 굳건한 지혜, 다이아몬드같이 빛나는 지혜를 깨달아 피안으로 가도록 안내하는 가이드북이란 뜻이다.

피안에 이르는도피안 到彼岸 Paramita 행동강령은 다음과 같은 '여섯 가지 바라밀다6바라밀 Six Perfections'다.

아무런 조건 없이 널리 베풀고보시, 선한 일은 앞장서고 악한 짓은 삼가며지계, 아무리 심한 모욕도 참고 견디고인욕, 역경이 닥쳐도 끊임없이 앞으로 나아가고정진, 맘을 하나로 모아 참다운 나를 찾으며선정, 사물의 본질을 꿰뚫어보는 슬기로운 사유지혜를 지속한다면 사바에도 극락정토를 세울 수 있다.

인간 혁명의 시발점, 인류 해방의 출발선

동물이든 식물이든 모든 생명체가 피할 수 없는 운명은, 한번 태어나면 반드시 거쳐야 하는 죽음이라는 종착점이다. 사람이든 짐승이든 모든 중생에게 예외 없이 닥치는 생사의 고통은 실존의 또 다른 이름이다.

소년 시절, 새에게 물려가는 지렁이를 목격한 이래 삶과 죽음은 싯다르타의 머릿속을 한 번도 떠나지 않은 숙

제였다. 이민족의 지배와 엄격한 계급 제도, 전쟁에 휘둘리는 백성들의 비참한 생활이 태아 때 모친을 잃은 슬픔을 증폭시켜 가뜩이나 어진 성격과 따스한 인품을 가진 태자에게 염세적 세계관을 심어 주었을 것이다. 하지만 여러 해 도를 닦은 보살 눈에 새롭게 비친 삶과 죽음은 결코 다른 게 아니었다.

삶에 대한 집착을 버리고 자유롭고 지혜롭게 사는 사람에게 행복한 죽음은 현재의 삶을 아름답게 마무리하는 하나의 매듭이다. 전생에서 내생으로 이어지는 기나긴 여행 과정으로 현생을 보면, 죽음은 재앙이 아니라 축복이다. 윤회라는 기나긴 여정 속에서 죽음이란 새로운 탄생으로 이어지는 진화Evolution의 관문이기 때문이다.

탄생도 마찬가지다. 태어남은 죽음으로 가는 고통의 시발이지만, 수행을 거듭하여 해탈의 경지에 다다를 수 있는 열반의 시원이기도 하다. 탄생이 있어 수련과 수행이 가능하듯, 죽음이라는 시한이 누구에게나 똑같이 주어져 있으므로 지금 이 순간 바른길을 걸어야 하는 이유가 더 절실해진다.

밤과 낮, 어둠과 밝음이 끊임없이 이어지듯, 삶과 죽음은 뫼비우스의 띠처럼 맞닿아 있다. 번뇌의 늪에서 반야의 꽃이 피어나듯, 붓다와 마라는 종이의 앞뒷면이나 다름없다. 악마라도 탐내고 성내고 어리석은 맘을 버리고 붓다의 맘을 가지면 한순간에 진리의 빛을 접할 수 있다.

연민의 눈으로 마라를 바라보자 천녀의 모습을 하고도 음심을 품어 측은해 보이던 마라의 딸들에게 동정심이 일었다.

돛단배를 움직이는 것이 배가 아니듯, 우리를 움직이는 것은 몸이 아니라 맘이다. 아무리 내면을 들여다봐도 실체가 드러나지 않는 비밀의 성채. 볼 수도, 들을 수도, 만질 수도 없고 색깔이나 소리 냄새 맛 감촉도 없는 불가사의한 정체. 중생의 온갖 행동을 제어하는 생명의 근원. 모든 문제의 뿌리이자 모든 문제를 풀 수 있는 만능열쇠. 이것이 '맘'이라는 평생의 수수께끼다.

세계에서 가장 높고 큰 수미산이 한 알의 겨자씨 속에 들어가고, 태평양 바닷물을 한 개의 털구멍에 넣을 수 있는 것도 오묘하기 짝이 없는 맘의 조화다. 한번 열리면 우주보다도 광활하고, 한번 닫히면 바늘 하나 꼽을 틈이 없을 만큼 좁디좁은 중생의 맘.

온 누리에 생명의 존엄성을 설파하며 룸비니에서 생애 첫 발을 뗀 이래 35년 간 불멸의 진리를 찾아 머나먼 길을 걸은 맨발의 왕자 싯다르타. 드디어 그가 찾은 해답은 우리의 맘 — 가슴속 깊이 내재된, 맑디맑은 본심이었다. 모든 중생은 '부처가 될 수 있는 심성불성 佛性'을 타고났으므로 본래의 천성, 생래적 양심을 되찾으면 궁극적인 지혜를 터득할 수 있다는, 쉽고도 어려운 명제였다.

용맹정진에 돌입한 지 이레째 되는 날 새벽. 깊고 아득한 선정 끝에 '더없이 높고 바른 깨달음무상정등각 無上正等覺 Anuttara-sammyak-sambodhi'을 터득한 보살은 천천히 눈을 들어 삼천대천세계, 거대한 은하계를 둘러보았다. 어둠이 물러가는 지구 저편 동녘 하늘에서 유난히 찬란한 샛별Aruna이 떠오르고 있었다.

인류가 지고 있던 고통의 짐을 훌훌 벗어던지고 마침내 천 년, 만 년 세월이 가도 변하지 않을 '진리를 깨달은 자 — 붓다Buddha'의 반열에 오른 고타마 싯다르타가 홀연히 허공에 몸을 던지고 온 우주를 향해 완벽한 열반을 선포한다.

> 내 맘을 어지럽히던 더러움은 모두 없어졌다.
> 더러운 맘의 흐름도 모두 멎었다.
> 이것을 번뇌의 최후라 이름 하노니
> 나는 더 이상 윤회의 길에 들어서지 않으리라.

진흙에서 싹이 트지만 진흙에 더럽혀지지 않고, 물에서 자라지만 물이 묻지 않는 연꽃처럼 고통의 바다에서 고통을 완벽하게 떨쳐낸 것이다.

극복하지 못할 고통은 없다. 해소하지 못할 번뇌도 없다. 해답은 각자의 맘속에 있는데, 수행자들은 소를 타고 있으면서도 다른 소를 찾아 산속을 헤매고, 허상을 실상으로 착각한 중생들은 물에 비친 달을 건지려고 강에 뛰어든다. 보고 느낀 대로 생각하고, 듣고 배운 대로 따라 하기 때문이다. 나를 잃어버려 주체적으로 생각하지 못하고, 내 맘속의 소리를 외면한 채 바깥에서 정답을 찾기 때문이다.

"눈을 떠라. 미망에서 깨어나라. 그대 맘속에 지혜를 스스로 깨우칠 성품자성 自性이 들어 있다. 자성과 불성을 날개 삼아 창공을 자유롭게 훨훨 날아라. 하늘 아래 모든 중생은 높고 낮은 것이 없다. 잘나고 못난 것도 없다. 임금이든 거지든, 영물이든 미물이든 하늘 위, 하늘 아래 작디작은 생물은 있어도 하찮은 생명은 없다."

강한 나라에 자주 부대껴 온 카필라성의 태자는 전륜성왕이 되어 세상을 지배하는 대신 자비와 사랑으로 온 세상 모든 중생을 감싸 안은 '샤카 나라의 성자석가모니 Shakyamuni'로 혜성같이 등장한다.

그것은 편견과 선입견, 관념과 관습의 낡은 틀을 부수고 능동적으로 자기혁신을 거듭하여 절대자유를 얻은 인간 혁명의 시발점이었다. 그것은 또, 대대로 카스트 제도에 억눌려온 사람들을 계급과 권력의 억압에서 구출하고, 신만 섬기면 천국에 갈 수 있다고 믿는 중생들을 미신에서 구원하는 인류 해방의 출발선이었다.

출가 이후 깨달음이 깊어지며 싯다르타 보살은 광대한

은하계와 질서정연한 우주의 섭리를 보는 '하늘의 눈천안 天眼'과, 삼라만상이 생기고 허물어지는 원리와 겉모습 뒤에 숨겨진 내면의 실체를 보는 '지혜의 눈혜안 慧眼'을 얻는다.

우주는 크고 작은 별 1천 개가 모여 1소천세계가 되고, 1천 개의 소천세계가 모여 1중천세계가 되며, 1천 개의 중천세계가 모여 1개의 대천세계가 형성되는데, 천안으로 보니 3천 개의 대천세계가 훤히 펼쳐졌다.

혜안을 뜨니 강에서 떠온 물 한 잔에 8만 4천 개의 세균이 보이고 '진리의 눈법안 法眼'을 뜨니 온 중생을 옭죄고 있는 고통의 실상과 번뇌를 끊는 길이 드러났다.

드디어 성불하여 '부처의 눈불안 佛眼'으로 온 세계를 둘러보니 모든 생명이 가엾고 온갖 현상이 안타까웠다. 과거와 현재와 미래, 전생과 현생과 내생을 훤히 꿰뚫어보는 안목숙명통도 생겼다. 자유자재로 지상과 허공을 날아다니는 신족통神足通, 세상의 모든 말을 듣고 타인의 맘을 읽는 타심통과 같은 다양한 신통력도 갖추었다.

세상에 대한 연민과 중생에 대한 자비심으로 촉촉해

진 눈을 조용히 들자 사바세계를 덮고 있던 먹구름이 사라지고 가슴속 저 깊은 곳에서 환희가 용솟음쳤다. 온몸에서 분출된 찬란한 광명이 태양계를 뚫고 삼천대천세계로 뻗어나가 과거 세계의 붓다와 보살들이 새로 탄생한 석가모니의 공덕을 찬양했다.

영겁의 세월 저 너머, 세상이 처음 열리던 태초의 기적을 재현하듯 푸른 별 지구와 태허에 나타난 황홀한 광경을 경전은 이렇게 기록하고 있다.

"보리수 아래 사자의 자리 사자좌 에 앉은 석가모니께서 깨달음을 얻는 순간, 밤하늘 별보다 더 많은 기적과 상서로운 일이 하늘과 땅, 온 우주에서 벌어졌다. 삼천대천세계에서 벌어진 신비로운 기적과 이변을 모두 열거하려면 몇 세대가 지나도 모자랄 것이다."

3. 세계의 중심에서 세상을 깨우다

자유자재한 진리의 신세계

출가 이전의 속세 — 사바세계로 다시 돌아와 '세존Baghaban'이나 '여래Tathagatha'와 같은 존칭으로 불리며 진리에 목마른 사람들을 번뇌의 강 저 너머로 안내하기 전까지, 석가모니는 이레마다 자리를 옮겨가며 여러 대에 걸친 전생의 삶을 되돌아본다. 정성을 다해 섬긴 수많은 붓다들의 행적과 인연을 반추하며 삼라만상의 탄생과 소멸도 관조한다.

왕자 시절 마주친 성 밖의 현실은 살벌한 생존경쟁의

현장이었지만, 안락한 일상을 버리고 수행으로 들어서게 한 디딤돌이었다. 고난과 번뇌가 처절해야 고통을 극복하려는 의지와 열망도 강렬해진다. 삶과 죽음에서 비롯된 근원적 번민이 없다면, 생사의 고통을 뛰어넘는 지혜를 찾을 수 없다.

봄이 되면 가랑잎 떨어진 곳에서 새순이 돋아나고 꽃이 진 자리에서 열매가 맺듯, 순환의 관점에서 보면 생과 사는 하나의 원으로 연결돼 있다. 지혜의 눈으로 보면 고통의 원인인 번뇌와 깨달음의 경지인 보리는 서로 대립되는 개념이 아니다. 하늘과 땅이 같은 뿌리인데 달과 별이 다르고, 사람과 짐승이 다르랴. 연꽃과 벌 나비가 다르고, 만물이 서로 다른 사물이랴. 부처와 중생이 한 몸인데, 번뇌와 보리가 딴 몸이랴.

지렁이는 땅속을 후비고 다니며 대지를 비옥하게 만들고, 대지에 뿌리를 내린 나무는 열매를 맺어 새와 사람을 먹이고, 새들은 씨앗을 퍼뜨려 산과 들을 푸르게 가꾸고, 사람들은 물길을 트고 둑을 만들어 논밭을 일구고, 짐승들은 산과 들을 누비고 다니며 오줌똥을 싸서 지렁이를 먹이는 대자연. 온갖 생명들이 공존하는, 크고 푸근한 상생과 화합의 터전.

깨달은 자 부처가 되겠다는 지극한 열망도, 중생들 눈을 뜨게 해주겠다는 간절한 소망도 내려놓고 사랑도 미움도 없는 진리의 세계에서 대자유를 누리는 석가모니에게 하늘의 신들이 찾아온다. 칠칠일49일 동안 자리를 옮겨가며 분별도, 차별도 없는 화엄세상을 그리는 성자에게 화염에 쌓인 사바세계를 먼저 구하라고 요청하기 위해서였다. 처음 설법을 간청한 신은 인드라제석천.

> 악마의 군대를 쳐부순 여래의 맘은
> 월식을 벗어난 달과 같이 밝습니다.
> 어서 깨달음의 자리에서 일어나
> 지혜의 빛으로 세상의 어둠을 비춰주소서.

아누다라삼먁삼보리, 저 높고도 깊은 지혜를 스스로 터득했다는 자긍심도, 온갖 생명체의 스승이 됐다는 자의식도 초월한 붓다가 침묵으로 일관하자 창조의 신 브라흐마까지 나서서 발걸음을 재촉하는 시를 읊는다.

> 강대국 마가다에는 오래 전부터
> 때 묻은 자들이 때 묻은 법을 말하고 있습니다.
> 감로甘露의 비를 내려 세상의 불을 꺼주소서.
> 청정한 진리로 중생들을 일깨우소서.

마침내 인류 구원의 길에 나선 석가모니는 보드가야에서 200킬로미터 떨어진 강가 강 맞은편 바라나시베나레스로 간다. 아주 오래 전에 세워진 교통의 요지로 1백만 명 가까이 거주하는 대도시인 데다 모든 종교가 경쟁하는 사상의 자유시장이었다. 세상의 중심에서 미혹에 빠진 중생을 일깨우기로 결심한 것이다. "고타마는 타락했다"며 자신을 떠난 다섯 명의 수행자도 거기에 있었다.

종교의 수레바퀴를 굴리다

사슴동산녹야원 Sarnath에서 이루어진 설법은 힘든 길을 같이 걷다가 막판에 엇갈린 길동무도반들과의 해후와 화해의 자리이자, 끝까지 육체적 고통을 고수했던 수행자들에게 새로운 방법론을 제시하고 최초의 제자로 맞이한 석가모니의 데뷔 무대였다.

“삿된 길로 접어든 사문이 온다”며 멀찍이 떨어진 채 비웃고 있던 도반들은 석가모니가 다가오자 오라aura에 눌려 서둘러 자리를 마련한다. 낮은 곳에 앉아 가르침을 청하는 수행자들에게 석가모니는 중도의 비결로 말문을 연다.

“출가자가 가까이하지 말아야 할 두 가지 극단이 있습니다. 무엇일까요? 하나는 저속하고 평범하고 성스럽지 못해 이익이 되지 않는 욕망과 쾌락에 대한 탐닉, 또 하나는 괴롭고 평범하고 성스럽지 못해 이익이 되지 않는 자기학대와 고행에 대한 몰입입니다. 비구들이여, 두 가지 극단적인 방법에 의지하지 않고 여래는 진리를 깨달았나니, 중도란 보편적인 시각을 기르고 지혜를 샘솟게 해 바른 깨달음과 열반으로 인도하는 최선의 길입니다.”

석가모니는 사성제와 팔정도와 육바라밀에 대해서도 차례대로 설명했다. 진리에 목마른 다섯 명의 도반이 깨달은 자 붓다의 발에 절을 하며, 비를 고대하던 사막의 나무처럼 주옥같은 법어를 가슴으로 받아들였다.

"모든 고통은 어디서 오는가? 좋아하고 싫어하는 두 가지 분별에서 옵니다. 늙는 괴로움은 젊음을 좋아하고 늙음을 싫어하는 데서 오고, 병의 괴로움은 건강을 좋아하는 데서 옵니다. 죽음이 고통이라는 생각은 삶에 대한 집착이 원인입니다. 분별과 집착, 두 가지 극단을 모두 멀리하면 행복이 중생을 따릅니다. 그림자가 물체를 따르듯이."

육안에 보이는 세계현상계에는 겉으로 드러난 모습보다 현상의 뒤쪽, 형상의 이면에 더 많은 진실이 숨어 있다. 같은 물을 마셔도 암소는 우유를 만들고, 뱀은 독을 만든다. 객체는 같지만 받아들이는 주체가 다르기 때문이다. 같은 종이라도 향을 싸면 향내가 나고, 생선을 싸면 비린내가 난다. 주체는 같아도 객체가 다르기 때문이다. 진리를 찾으려면 이면의 진실, 지혜의 세계에 눈을 떠야한다.

"비구들이여, 내 몸을 나라고 할 수 있습니까?"

"아닙니다, 세존이시여."

"만일 육체가 자아自我라면 병에 걸리지도, 늙지도 않

을 것입니다. 아무도 병에 걸리거나 늙는 것을 원치 않기 때문입니다. 그러나 육체는 내 뜻대로 되지 않습니다. 육체는 나의 것도, 나의 자아도 아니기 때문입니다. 세상 만물이 모두 이와 같습니다."

다섯 사문이 동시에 일어나 붓다의 발에 이마를 대고 절을 했다.

"비구들이여, 어떻게 생각합니까? 눈에 보이는 형체는 영원합니까? 영원하지 않습니까?"

"영원하지 않습니다, 세존이시여."

"영원하지 않아서 고통스럽습니까? 즐겁습니까?"

"고통스럽습니다, 세존이시여."

"영원하지 않으므로 무상無常하고 고통스러운 물체를 '나의 것'이라고 말하는 것이 옳습니까?"

"아닙니다, 세존이시여."

"비구들이여, 육체든 물체든 현상계의 모든 사물은 현재의 것이든 미래의 것이든, 거칠든 미묘하든, 안에 있든 밖에 있든, 열등하든 훌륭하든, 멀든 가깝든 나의 것이 아니며, 자아가 아니며, 내 자신이 아닙니다. 모든 형상은 눈과 귀와 코와 혀와 몸과 맘 — 여섯 가지 뿌리6근根를 통해 의식적으로 받아들인 대상을 우리의 인식과 관념이 제멋대로 그려낸 허상이기 때문입니다."

초저녁부터 밤새 선정에 들었다가 새벽에 시작된 설법이 끊이지 않고 이어졌다. 다섯 도반의 눈에서 비 오듯 눈물이 쏟아졌다. 환희와 각성의 눈물이었다.

"여러분은 이제 진리에 눈을 떴소. 나를 포함하여, 이 세상에 드디어 여섯 명의 아라한이 탄생했구려."

다섯 명의 수행자들이 붓다 버금가는 현자의 위치에 오른 것을 인정한 것이다. 수행의 자세에서 의식의 혁명까지, 지혜의 정상에 오르는 길을 자상하게 안내해 준 스승의 정성과, 한눈팔지 않고 정갈하게 몸과 맘을 닦아온 제자들의 예지가 합쳐진 결과였다.

하룻밤 새 해묵은 의문을 말끔히 푼 제자들은 석가모니와 녹야원에 머물며 청정수행의 모범을 보였다. 매일 아침 탁발하다 마주치는 사문들의 관심이 그들에게 집중됐다. 빛나는 눈빛과 격조 높은 행동거지만 보고도 '깨달음의 수준법력 法力'을 짐작한 사문들은 제자로 삼아 달라고 간청했다.

꼬리에 꼬리를 물고 석가모니 소문이 도시 안팎으로 퍼져나갔다. 멀고 가까운 곳에서 진정한 신앙을 갈구하던 이교도들이 양떼처럼 몰려왔다.

'사람은 태어날 때 신분이 정해지는 게 아니다'

석가모니는 제자들을 이끌고 라자그리하로 입성한다. '대왕'이라는 호칭에 걸맞게 빔비사라는 수만 명의 바라문과 시민을 이끌고 석가모니를 예방한다. 수행자 시절에 싯다르타를 처음 보고 한눈에 반한 그는, 최고의 진리를 깨달으면 자신도 제자로 삼아 달라고 요청한 현군.

최초의 제자들을 찾아 강가 강을 건널 때, 돈이 없다는 이유로 뱃사공이 승선을 거부하자 석가모니는 공중으로 몸을 날려 건너편 언덕에 착지한다. 현실세계차안 此岸에서 피안으로 건너가는 상징적 퍼포먼스였다.

눈이 어두워 성인을 모실 기회를 놓친 뱃사공은 땅을 치며 후회한다. 그 일을 보고받고 "앞으로 수행자들의 뱃삯은 국고에서 지급하라"고 분부한 임금이 바로 빔비사라다. 서른다섯 청년 붓다가 구름같이 모인 군중 앞에서 사자후를 토했다.

> 옛날 히말라야에 할단이라는 새가 살았습니다. 해 지고 어둠이 내리면 눈보라가 휘몰아치는 설산. 그때마다 할단은 굳게 맘을 다집니다.
> '날 밝는 대로 둥지를 틀어야지!'
> 그러나 그때뿐. 해가 뜨면 노느라 잊어버리고, 밤이 되면 같은 결심을 반복합니다. 암컷은 수컷을 게으르다 탓하고, 수컷은 어젯밤 추위도 기억 못했냐고 암컷을 탓하면서.

여기저기서 사람들 웃음소리가 들렸다.

> 지바지바까라는 새도 있습니다. 몸은 하난데 머리가 둘 달린 새지요. 가루다라는 오른쪽 머리는 아침 일찍 일어나 몸에 좋은 과일을 따 먹습니다. 한밤중에 잠이 깨는 우파가루다는 먹을 게 별로 없을 수밖에요.
> 가루다만 맛난 음식을 먹는다고 오해한 우파가루다는 어

> 느 날 밤 일부러 해로운 과일을 따 먹었습니다.
> 지바지바까는 어떻게 됐을까요?

"몸이 하나니까 둘 다 죽었겠지요."

한 목소리로 대답하는 청중들 얼굴에 바보 새들에 대한 조롱이 가득했다.

> 지혜로운 사람은 탐욕이 없고 현명해서 어디서든
> 주인이 되고 무슨 상황이든 중심을 잡습니다.
> 지혜로운 사람은 사납거나 겁내지 않으므로 사랑과
> 평등으로 중생을 대하며 더불어 살아갑니다.
> 지혜로운 사람은 이익을 얻어도 교만하지 않고 손해를
> 보더라도 비루하거나 남을 탓하지 않습니다.
> 지혜로운 사람은 조언을 들어도 서둘러 행동하지 않고
> 사려 깊게 생각한 뒤 일을 처리합니다.
> 지혜로운 사람은 인색하거나 질투하거나 미워하지
> 않고 위험이 닥쳐와도 두려워하지 않습니다.
> 지혜로운 사람은 이익을 위하여 남을 모함하지 않고
> 위기 앞에서도 난폭하거나 비겁하지 않습니다.

진지한 얼굴로 되돌아온 사람들이 두 손을 모으고 경청했다. 한 마디 말씀이 끝날 때마다 사방에서 경배하는 사람도 늘어났다.

> 착하고 어진 중생이여, 위대한 군주여,
> 태어날 때부터 귀한 사람, 천한 사람이
> 정해진 것이 아닙니다.
> 신분이 높아도 손가락질 당하면 천한 사람이요,
> 신분이 낮아도 도리를 다하면 귀한 사람입니다.
> 자기의 맘을 자유자재로 다스리는 사람은
> 천하를 다스리는 대왕보다 더 지혜로운 사람입니다.
> 위엄이 있는데 사나우면 남이 꺼리고 나약하면
> 업신여기므로 현명한 사람은 중도의 길을 걷습니다.
> 과거를 후회하고 오지 않는 미래를 걱정하며 현재를
> 흘려보내면 언제 내 뜻대로 살 수 있겠습니까?
> 전생을 알고 싶으면 현생을 보고, 다음 생에
> 더 잘살고 싶으면 금생에서 바르게 살아야 합니다.
> 찰나에 지나가는 인생, 오늘 바로 지금 이 순간 지혜와
> 복덕을 가꿔 자유롭고 행복하게 살기 바랍니다.

임금이든 백성이든 똑같은 인간이므로 서로 아끼고 사랑하라는 간곡한 당부가 이어지자 사방에서 감동이 물결쳤다.

행복과 불행, 보리와 번뇌는 내 맘에 달렸다는 조언과, 세상에 사라지지 않는 것은 없으니 탐욕을 버리고 본래의 나를 찾으라는 충고가 비유와 상징을 곁들인 우화 속에서 금강석처럼 빛났다.

국왕의 눈시울에도 감격의 눈물이 맺혔다.

"일찍이 태자 시절 나는 다섯 가지 서원을 세웠습니다. 반드시 어진 임금이 될 것. 내 영토에서 부처님께서 출현하실 것. 부처님을 섬기고 받들 것. 부처님께서 나를 위해 설법을 해주실 것. 그리고 부처님께서 깨우치신 법을 나도 깨달을 수 있을 것. 이제 모든 소원이 이루어졌습니다."

이튿날 대왕은 부처님과 비구들을 식사에 초대했다. 소년의 모습으로 나타난 인드라가 붓다를 찬탄하는 노래를 부르며 행렬을 이끌었다. 위로는 스승에게 법을 빌어 지혜를 기르고, 거리에서는 밥을 빌며 진리를 전하는 걸사乞士 비구 Bhikku들은 하루에 한 번, 오전에 공양을 하는 게 규율이었다.

밤새 정성껏 마련한 음식을 드신 뒤 부처님이 손수 바리때를 헹구고 버드나무 가지로 이를 닦는 것을 보며 한쪽에 물러앉았던 왕은 부처님이 활동하기에 적합한 시설을 수행도량으로 바친다. 도심에서 멀지도 가깝지도 않아 탁발이 쉽고 밤낮 고요해 명상하기 좋은 곳이었다. 이것이 불교 최초의 사원인 벨루바나죽림 정사다.

부처님은 시주를 받고 다시 법을 설한 뒤 라자그리하 서남쪽 숲속에 있는 공동묘지로 가, 사당에서 머물렀다.

'오라, 비구들이여'

라자그리하에서 멀지 않은 두 마을에 이름난 가문이 있었다. 두 집안에서 같은 날 사내아이가 태어나자 어른들은 이들에게 우파팃샤와 콜리타라는 마을 이름을 붙여 주었다. 유복한 집안이라 무엇 하나 부족한 것 없이 자랐지만, 철이 들어가며 그들은 삶에 회의를 느꼈다.

'앞날에 대한 뚜렷한 이상이나 목표도 없고 모든 게 어제와 다름없는 세상에서 지금처럼 백 년을 산들 우리 인생에 무슨 가치가 있을까?'

두 청년은 비슷한 또래 5백 명을 이끌고 산자야라는 수행자를 찾아갔다. 하지만 며칠 만에 스승의 지식은 바닥이 드러났다. '불사不死 Immortality'의 비밀을 발견하면 서로 알려주기로 약속하고 그들은 각자 다른 방향으로 방랑길을 떠난다.

먼저 기회를 잡은 것은 우파팃샤. 죽림정사에 머물던 붓다의 다섯 제자 가운데 한 사람을 탁발 도중에 만났는데, 그는 경지에 이른 아슈바짓의 내공을 한눈에 알아보았다. 끈질기게 가르침을 청하는 우파팃샤에게 아슈바짓이 읊어준 시 한 수는 행운을 부르는 주문이었다.

> 만물은 원인이 있어 생기는 것,
> 여래께서는 그 원인을 설하셨네.
> 고통의 소멸에 이르는 길도
> 위대한 스승은 가르쳐주셨네.

우파팃샤는 산자야에게 같이 떠날 것을 권했지만, 그에게는 인연이 닿지 않았다. 인생의 진정한 의미를 찾아 함께 집을 나선 동네 친구들도 절반은 산자야 곁에 남았다. 우파팃샤를 앞세우고 콜리타와 250명 도반이 죽림정사 부근에 이르자 설법 중이던 세존은 혜안으로 그들을 알아본다.

"비구들이여, 새로운 도반이 오고 있다. 우파팃샤와 콜리타, 그들은 여래의 큰 제자가 될 것이다."

일행이 정사로 들어오자 세존이 두 팔을 벌렸다.

"오라, 비구들이여."

그들의 친구들은 단 한 차례 부처님 설법을 듣고 곧바로 아라한이 됐다. 그러나 그날부터 사리푸트라와 목갈라나로 불리게 된 두 인물은 쉽게 아라한의 경지에 이르지 못했다. 채워야 할 그릇이 워낙 컸던 것이다.

목갈라나는 출가한 지 이레째 되는 날, 수행 중에 갑자기 쏟아지는 졸음에 겨워 자신도 모르게 꾸벅꾸벅 졸다가 부처님의 자애로운 음성을 듣고 깜짝 놀라 눈을 뜨는 순간, 깨달음을 얻었다.

사리푸트라는 보름째 되는 날, 부처님을 모시고 동굴에 있을 때 맞춤형 법문을 듣고 아라한이 됐다. 부처님은 대상에 따라 설법을 달리 한다. 악공에게는 시타르 다루는 법을 예로 들고, 사공에게는 노 젓는 법을 비유로 들어 설명하므로 다들 이해가 빨랐다.

"논에 물을 대는 사람은 물길을 바로잡고, 활 만드는 사람은 활대를 바로잡고, 목수는 나무를 바로잡아 쓸모 있는 재목으로 만든다. 현명한 사람은 자신의 맘을 바로잡아 올바른 길로 나아간다."

사리푸트라는 사리불이라는 한자 이름으로 우리에게 익숙한 석가모니의 수제자. 반야심경에 나오는 '사리자舍利子'가 바로 그 보살로, 밤하늘에 별처럼 빛나는 비구들 가운데서도 지혜가 으뜸인 현철이다. 하지만 아쉽게도 부처님보다 먼저 하늘나라로 돌아가, 법통을 이어받지 못했다.

신통력 으뜸인 목갈라나목건련 目犍連는 주특기를 발휘하여 지옥에 있는 어머니를 구하는데 어머니의 욕심 때문에 막판에 실패한다는 일화를 그린 1968년 작 타이완

영화 「목련구모目連救母」의 주인공이다.

금강경을 비롯하여 여러 경전에 나오는 '큰 비구 1,250인'은 그전에 있던 제자 1천 명과, 사리불과 목건련을 따라 온 도반 250명을 합친 숫자다.

또 하나의 걸출한 제자

불경에는 카샤파라는 이름을 가진 비구가 다섯 명 나온다. 그 가운데 가장 유명한 비구는 걸출한 부처님 제자 중에서도 세 번째로 꼽히는 마하카샤파. '마하Maha 위대한'라는 형용사 자체가 같은 이름을 가진 다른 비구들과 구별하려고 붙인 경칭이므로 종단에서 차지하는 비중을 짐작하기 어렵지 않다.

마하카샤파대가섭는 출가 과정부터 특이하다. 바라문 가문에서 태어난 선남자인데 부모가 서둘러도 혼인을 마다했다. 우여곡절 끝에 짝을 찾았지만, 부인 역시 수행에 뜻을 둔 선여인. 양친이 세상을 뜬 뒤 일꾼들을 데리고 농장을 둘러보러 간 카샤파는 흙속에서 나온 굼벵

이를 새가 쪼아 먹는 순간을 목격한다.

비슷한 시각, 부인 바드라도 마당에서 참깨를 말리다 비슷한 장면과 마주친다. 삶과 죽음이 순식간에 엇갈리는 현장을 똑같이 경험한 부부의 눈에는 막대한 재산과 호화로운 저택이 '불난 집화택 火宅'과 다를 게 없었다.

시장에서 갈색 옷과 흙으로 빚은 바리때를 사온 다음 날, 부부는 수많은 일꾼을 자유로운 신분으로 풀어주고 마을을 떠난다. 나란히 걷다가, 그마저 출가의 뜻에 어긋나는 것 같아 오른쪽과 왼쪽으로 헤어졌다. 그 순간 땅에서 지진이 일어나 공덕을 치하하며 선남선녀의 앞날을 축복했다.

죽림정사에서 전후의 사정을 살핀 세존은 니그로다 나무 아래에 앉아 명상을 시작한다. 탁발에 나설 때는 사람들 눈에 띄지 않도록 평범한 출가자의 행색을 하는데, 이때만은 여래의 존귀한 풍채 그대로 온몸에서 빛을 발했다. 꿈속에서도 간절히 찾던 스승이라는 사실을 직감한 가섭은 그 자리에 엎드려 머리를 여래의 발에 대고 예배한다.

라자그리하로 돌아오는 길에 부처님이 그늘에서 쉬려고 하자 가섭은 얼른 바랑에서 꺼낸 비단옷을 네 겹으로 접어 바닥에 깔아 드렸다.

"옷이 부드럽고 보기 좋구나."

부처님의 칭찬에 가섭은 가사를 예물로 드리고 싶다고 간청한다. 비단옷을 받은 부처님은 그 자리에서 입고 있던 누더기를 벗어 준다. 스승의 옷을 물려받는 것은 수행자가 누릴 수 있는 최고의 영광. 여드레 되던 날 아라한이 된 대가섭은 먼 훗날까지도 그 사실을 자랑스럽게 여긴다.

붓다의 특징인 32상 가운데 일곱 가지 상을 갖춘 귀골이었지만, 그는 산이나 들에서 잠을 자고 바리때로 탁발한 음식 이외에는 아무것도 입에 대지 않았다. 누더기만 걸치고 생활하며 욕심도 부리지 않았다. 아무것에도 집착이 없으니 번뇌의 티끌조차 있을 리 없었다. 마하카샤파가 지금껏 두타頭陀 Dhuta 제1로 칭송 받는 것은 지극히 염결한 수행 태도 덕분이다.

옷과 바리때 — 의발衣鉢을 물려주는 것은 그 뒤 스승이 가장 믿을 만한 제자를 골라 자리를 넘겨주는 공식 승계 이벤트로 자리 잡았다. 제자가 되기도 전에 정사 밖으로 나가 손수 맞아들이고 단둘이 여러 날을 같이 지낸 것 자체가 부처님에게는 전례 없는 일이었다. 출가 당시부터 이미 그는 부처님이 그린 밑그림 속에 미래의 큰 일꾼으로 점지돼 있었던 셈이다.

스무 살로 접어들었을 때 마지못해 혼인을 한 카사파가 부모를 잃은 것은 12년 뒤. 출가할 때 서른두 살이었으니 부처님보다 그는 다섯 살쯤 적었을 것이다. 부인은 마하프라자파티가 최초의 여승이 되었을 때 함께 비구니로 받아들여져 종단에서 중요한 역할을 한다. 부군이 출가한 지 5년째 되던 해다.

석가세존이 열반에 든 뒤 첫 우기를 맞아 5백 명의 아라한을 한 곳에 모은 것도 마하카샤파다. 산속 동굴에서 장마를 피해 가며 그는 집단지성을 활용하여 부처님이 가르쳐 준 8만 4천 법문을 체계적으로 정리했다.

아난다가 진리 파트경장를 술회하고, 샤카 족 이발사였던 우팔리가 계율 파트율장를 외우면 참석자들이 기억을 더듬어가며 가감첨삭하고, 수정된 의견이 만장일치로 채택되면 최종본을 한 목소리로 암송하여 공식 텍스트로 인정하는 합의제 방식이었다.

입에서 입으로 전해 내려온 부처님 말씀이 4백여 년 뒤 — 기원전 2세기 경 처음 문자로 정착될 수 있었던 것은 동굴 속에서 정리된 구두Oral 텍스트가 훌륭한 원전Original 노릇을 해 주었기 때문이다.

석가모니가 손수 발탁한 제자의 뛰어난 경륜과 리더십이 없었다면, 세계 각국으로 퍼져 나가 오늘날까지 이어져 오는 불경이 각기 다르거나 부실할 수밖에 없어 인류가 최고의 진리를 원음에 가깝게 접하기 어려웠을 것이다.

부처님의 가르침을 결집집대성하는 데 성공한 마하카샤파는 입적할 때가 되자 뒷일을 아난다에게 맡기고 산으로 들어간다. 라자그리하 교외에 있는 계족산은 이름 그대로 수탉의 발가락같이 갈라진 기슭을 하나로 합쳐 대보살의 몸을 감싸 안는다. 그 산에서 마하가섭은 지금도 미륵불Maitreya의 출현을 기다리고 있다. 미래의 부처님에게 석가모니의 가사를 전해 드리기 위해서.

태자의 땅을 금싸라기로 덮은 부호

부처님이 마가다를 중심으로 교세를 확장하고 있을 때 강가 강 지류 서북쪽에 마가다와 쌍벽을 이루는 나라가 있었다. 코살라다. 그 나라 수도 슈라바스티에 상공업과 무역으로 엄청난 자산을 모은 부호가 살고 있었다. 재물을 아낌없이 베풀 줄도 알아 '선시善施 수다타'라고 불리는 장자였다.

마가다에서 소문난 부자의 누이동생을 아내로 맞은 수다타는 사업상 라자그리하를 자주 방문했다. 어느 날 처가에 가보니 처남은 잔치 준비를 진두지휘하느라 눈코 뜰 새 없이 분주했다.

부처님이 출현했다는 소식을 처음 듣고 잠을 설친 그는 다음날 해가 떠오르기 전, 마을 사람들이 시신을 버리는 숲 시타바나로 부처님을 찾아간다. 새벽빛 속에서 무덤 주변을 거닐고 있던 부처님은 수다타가 다가오는 것을 보고 깔개를 깔고 길가에 앉았다.

길지 않은 만남인데도 눈과 귀와 맘이 열린 수다타는 출가하여 수행하기는 어렵지만 평생 스승으로 모시겠다고 맹세한다. 감사의 뜻으로 식사에 초대하겠다고 제안하자 부처님은 침묵으로 승낙한다. 소문이 퍼지자 마가다 신도들의 식사 초청이 줄을 이었다.

빔비사라 왕까지 나서서 공양 기회를 양보해달라고 요청했으나 수다타는 정중히 거절하고 처남의 집에서 다음날 행사를 손수 준비했다. 종단의 법도에 맞게 공양이 끝난 뒤 수다타가 부처님께 공손히 예배를 드렸다.

"세상에서 가장 존귀한 분이시여, 내년에는 종단을 이끌고 슈라바스티로 오십시오. 코살라 사람들도 번뇌의 불을 끌 수 있도록 지혜를 나눠주십시오. 우주 만법의 주인이시여, 인생의 가치와 생명의 존엄성을 모르는 중생들이 행복한 삶을 살 수 있도록 크나큰 은총을 베풀어주십시오."

코살라로 돌아온 수다타는 사람들을 동원해 도량을 세우기에 적합한 장소를 물색한다. 여러 후보지를 둘러본 끝에 최종 낙점한 땅은 프라세나지트파세나디 대왕의 태자 제타의 소유지. 대단한 영향력을 가진 국가의 차기 권력자라 제타의 권세도 만만치 않았다. 동궁을 찾아간

장자는 단도직입적으로 용건을 꺼낸다.

"저하의 동산을 파십시오."

"안 됩니다."

"폐하의 나라 중생들을 일깨우는 일에 쓰겠습니다."

"무슨 일인지 몰라도 이 나라에서 가장 아름다운 동산을 팔라니, 말이 되는 소리요?"

"나라를 위해 큰일을 하려는 나의 충심을 헤아려 주시지요."

"흙이 안 보일 만큼 동산 바닥을 황금으로 덮는다면 몰라도, 그 전에는 어림없는 소리 하지 마시오."

흥정이 불가능해지자 장자는 법정에 호소한다. 선한 의도가 선한 인연을 불렀는지, 재판관이 대대로 전해 내려오는 명 판결을 내린다.

"저하께서 '동산 바닥을 황금으로 덮는다면'이라는 단서를 붙였으니, 전제조건이 충족된다면 그 땅을 팔아야 할 의무가 있습니다."

끼니가 떨어질 때까지 베푼 사람

이웃 나라에까지 소문이 자자할 만큼 억만금의 재산을 일군 수다타는 마름을 불러 태자의 동산 바닥에 황금을 가득 깔라고 지시한다. 여러 채의 수레가 바쁘게 양쪽을 오갔으나, 금화는 동산 입구를 채우기에도 모자랐다. 수다타는 조금도 주저하지 않고 시종들을 독려한다.

"자, 어서 가서 다 가져 오너라. 땅 주인이 만족할 때까지 아낌없이 실어 오너라."

시종들보다 더 놀란 것은 태자였다.

"이제 그만 하시오. 이 동산을 장자께 드리겠소. 입구만 나에게 돌려주시오. 나도 부처님께 복을 짓고 싶소."

태자는 초입에 대문을 짓고 부속건물을 세우라고 지시한 다음 수다타에게 재목을 기증했다.

수다타는 의지할 데 없는 사람들을 구제하기 좋아해 헤르만 헤세 작품 『싯다르타 Siddhartha』에도 '고독한 사람들 아나타 에게 급식을 하는 사람 핀디카'이라는 별명 Anathapindika 으로 등장하는 자선사업가다. 그가 세운 도량은 기수급고독원祇樹給孤獨園 제타의 숲에 급고독 장자가 세운 승원, 줄여서 기원정사Jettavana Vihara라고 불리는 성지다.

금강경에 질문자로 나오는 장자 수부티수보리 선현의 친척으로, 끼니가 떨어질 때까지 베푸는 삶을 산 수다타는 이승에서의 자비행을 마치고 하늘나라에 태어났다.

죽림정사와 더불어 양대 도량으로 손꼽히는 기원정사는 부처님이 30여 년 동안 매년 한 번씩 가진 우안거장마철 공동 수행 가운데 열아홉 번 머물렀을 만큼 포교의 중심지로 이름을 떨친 곳이다.

불교사에 한 획을 그은 가람이라 예순 살 넘어 인도로 순례를 떠난 중국 최초의 구법승 법현도 404년 그곳을 찾아 『불국기佛國記』에 족적을 남겨 놓고 있다.

현지에서 스님이 들은 바로는, 원래 7층 건물로 여러 나라 왕과 백성들이 다투어 공양하는 성역이었는데, 쥐가 등불을 엎는 바람에 불이 붙어 2층으로 다시 지었다고 한다. 법현이 갔을 때는 왼쪽 돌기둥 위에 '세상에 진리를 전하는 불법의 수레바퀴법륜 法輪'가 거대한 돌로 조각돼 있고, 오른쪽 돌기둥 위에는 법륜을 끄는 황소 조각상이 지상을 굽어보고 있었다.

처음 세워진 시기로부터 1천 년 가까운 세월이 흘렀는데도 많은 승려가 정진 중이고, 양쪽으로 맑은 시내가 흘러 울창한 수목과 각양각색의 꽃들이 어우러진 명승지였다.

현장이 방문했을 때는 완전히 달라져 있었다. 법현이 순례한 지 100여 년밖에 지나지 않았는데도 입구 좌우를 지키고 있는 높이 70여 자23미터 내외의 돌기둥과 도기로 만든 본채 앞의 전실 이외에는 모든 건축물이 사라지고 주춧돌만 남아 있었다.

한마디로 황량한 모습이었다니, 말 못하는 쥐를 탓하느니, 아무리 거룩한 뜻이 깃들어 있어도 눈에 보이는 것은 언젠가 물거품처럼 사라진다는 진리를 여실히 보여 주는 거대한 상징이라 할까.

부처님 스타일의 금의환향

부처님 시대 인도 동북부에 있던 크고 작은 나라 가운데 가장 힘이 센 국가는 강가 강 남쪽 기슭의 마가다와 서북쪽의 코살라였다. 두 나라 다 강력한 군주가 통치하는 대국으로 군사력과 경제력이 엇비슷했다. 서로 대립할 때도 있었지만, 중간에 있는 여러 나라가 완충지대 역할을 하는 데다 양국의 지배층이 모두 아리안 족이라 교류가 빈번했다.

기원정사가 완공된 뒤 부처님이 코살라에 머무는 기간이 늘어나자 프라세나지트 왕은 어려운 문제에 부닥칠 때마다 조언을 구했다. 하루에 세 번 예방한 적도 있다. 왕은 여러 종파를 두루 지지한 반면, 왕비 말리카는 독실한 불교 신자였다.

왕비는 꽃집 딸이다. 우연히 길에서 부처님을 뵌 뒤 화원에서 설레는 가슴을 진정하고 있을 때 격무에 지친 임금이 휴식 차 들어왔다. 말리카는 그가 대왕이라는 사실도 모른 채 정중하게 차를 대접했고, 우아한 태도와 정성스런 시중에 맘이 끌린 임금은 그날 저녁 처녀를 왕비로 맞았다.

샤카 족은 코살라의 보호를 받는 형편이라 슈라바스티에 사신을 파견하여 정세를 살펴야 했다. 태자가 보리수 아래에서 크게 깨달아 부처가 되고, 나날이 명성이 높아져 간다는 소문이 카필라바투로 전해졌다. 보고를 받은 부왕이 애타게 아들을 보고 싶어 한다는 전갈도 부처님 귀에 들어왔다.

소식을 전한 사람은 한둘이 아니었다. 일찍부터 친교가 있던 프라세나지트가 슈도다나에게 희소식을 직접 알려 주어 공식적인 초대가 이뤄졌다는 기록도 있다. 부처님이 라자그리하에 머물고 있을 때 부왕이 여러 차례 사자를 보내 귀국을 권했다고 적은 경전도 있다.

문제는 사자들이 부처님만 알현하면 그대로 출가하는 바람에 돌아온 사람이 없다는 데 있었다. 부왕은 가장 신뢰하는 대신 우다인을 보내며 한 가지 다짐을 받는다. 출가하는 것은 좋으나, 그 전에 반드시 부처님을 모시고 오겠다는 굳은 약속이었다.

우다인도 부처님에게 인사를 드리자마자 종단에 들어간다. 그는 그러나 몇 달 지난 다음 적절한 시점에 고국 방문을 건의하여 부처님의 동의를 받아낸다.

부처님이 카필라로 금의환향하는 데는 꼬박 두 달이 걸렸다. 이국땅에서 고행한 기간 6년, 진리를 전파한 지

6년이 또 지나 고향 땅을 밟는 아들에게 슈도다나 왕은 크나큰 기대를 걸었다.

부왕의 머릿속에는 효성이 지극한 태자가 곧장 궁전으로 들어와 깍듯하게 예의를 갖추면 백성들의 사기가 올라가고 카필라의 국제적 위상도 강화될 것이라는 정치적 계산이 들어 있었던 것 같다.

부처님의 행보는 부왕의 기대를 완전히 벗어났다. 그것도 비참할 지경이었다. 수도에 도착한 뒤에도 누구보다 귀한 아들이 제자들과 맨발로 걸어 다니며 끼니를 빌었다. 자존심 강한 샤카 족 임금으로서는 모욕이나 다를 바 없었다. 도저히 참기 어려워 사신을 보내 꾸짖자 부처님은 이렇게 답한다.

"이것은 우리 가문에 예전부터 내려오는 전통입니다."

"명예로운 우리 왕족 혈통에 지금까지 음식을 구걸한 사람은 단 하나도 없었다."

"'우리 가문'이라는 말은 샤카 족을 가리킨 것이 아니라 과거의 여러 부처님을 두루 아우른 용어입니다."

아직도 태자가 전륜성왕이 되어 세계를 통일할 것이

라는 예언을 뇌리에서 완전히 지우지 못한 약소국 임금에게, 변변한 이부자리도 없는 곳에서 밤을 지새우고 남루한 옷으로 몸을 겨우 가린 채 이 집 저 집 문전에서 밥을 비는 탁발승 행색은 여간 가슴 아픈 광경이 아니었을 것이다. 그러나 더 쓰라린 운명이 노쇠한 아버지를 기다리고 있었다.

줄 잇는 출가 행렬

부왕에게는 마하프라자파티 사이에 낳은 아들이 하나 있었다. 난다였다. 부처님이 비단 옷에 꽃을 꽂고 고국으로 돌아오면 세자로 책봉된 난다의 혼례를 화려하게 치러 이웃 나라 임금들의 부러움을 살 준비가 착착 진행되고 있었다. 그런데 부처님은 이복동생을 데리고 니그로다 정사로 가더니 다짜고짜 머리를 깎고 출가를 시켰다.

이제 슈도다나 왕이 의지할 유일한 혈육은 손자 라훌라뿐. 부처님이 카필라로 돌아왔을 때 야소다라는 라훌라를 보내 이렇게 요구하게 한다.

"나에게 물려줄 재산을 주십시오."

부처님은 라훌라를 데리고 정사로 들어가 사리불에게 일렀다.

"이 아이도 출가시키게."

열두 살 소년은 최초의 견습 비구사미가 되고, 스무 살이 된 뒤 구족계를 받아 어엿한 비구가 된다. 아들과 손자까지 왕궁에서 떠나보낸 슈도다나 왕이 부처님에게 애절한 부탁을 한다.

"이후로는 부모의 승낙 없이 미성년자를 출가시키지 말게."

부처님은 부왕의 소원을 받아들여 종단의 규칙으로 삼았다. 그럼에도 카필라에 머무는 동안 출가자가 급격히 늘어나고 종단은 발전을 거듭한다. 부자지간이라는 속세 인연을 끊은 아들이 섭섭하면서도 한편으로는 자신의 가문에서 붓다가 출현한 것을 자랑스럽게 여긴 임금이 알게 모르게 샤카 족 청년들의 출가를 권장한 결과였다.

부처님이 고향을 떠나 마가다로 돌아갈 때까지도 출

가 열기는 사그라지지 않았다. 슈도다나는 자리에서 물러나며 붓다의 사촌인 바드리카밧디야에게 왕위를 물려주었는데, 바드리카마저 붓다를 찾아간다.

그날 행차에 길동무가 돼 준 왕족들이 아난다와 데바닷타다. 둘은 이복형제로 부처님과 사촌이자 야소다라의 동생이니 세속의 촌수로는 동생이자 처남인 셈이다. 우팔리가 수행 길에 오른 것도 이때였다.

출가 직후에도 왕의 자리에 있던 바드리카는 얼마 지나지 않아 아라한이 됐고, 그 이후에도 "아! 기쁘다"는 탄성을 지르며 피나는 정진을 거듭했다. 부처님이 이유를 묻자 이런 대답이 돌아왔다.

"군대가 국경을 지키고 성벽이 일곱 겹으로 둘러싸고 있을 때에도 걱정과 불안이 끊이지 않았는데, 지금은 한밤중 깊은 숲속에서 홀로 좌선할 때 맹수 울부짖는 소리가 들려와도 맘이 평온합니다. 그러니 이같이 기쁜 일이 또 어디에 있겠습니까?"

아난다는 가장 충직한 제자 가운데 한 사람이다. 쉰다섯 살 무렵 부처님이 시중을 들어줄 상좌를 두라는 건의를 받아들이자 제자들이 한 목소리로 추천한 비구가 아난다다. 그때부터 그는 25년 동안 부처님 곁을 떠나지 않았지만 스승이 열반할 때까지 아라한의 경지에 이르지 못했다. 부처님의 가르침에 사사건건 시비를 걸고 호시탐탐 해칠 기회를 노리던 데바닷타는 정진 끝에 신통력을 얻지만 아라한이 되는 데에는 실패한다.

물싸움을 말리다

농경시대 물이란 햇볕 다음으로 귀한 자원. 물길을 다스리는 일치수 治水이 통치의 시작이었던 건 그 때문이다. 부처님 시대, 부처님 나라도 마찬가지였다. 카필라 동쪽에는 로히니 강이 흐르고 있었다. 랍티 강의 지류로, 고고학자들이 로와이 강이라고 추측하는 강이다.

로히니 강 동쪽에 콜리라는 도성이 있고, 그곳에 사는 백성들을 콜리야라고 불렀다. 샤카 족에서 갈려나간 부족이라 양쪽에 걸친 혼맥이 두터웠다. 마야 부인과 마하프라자파티, 야소다라도 그곳 출신이다.

농경이 주업인 두 나라에 극심한 가뭄이 들어 흉년을

걱정하는 목소리가 커져갔다. 피를 나눈 동족이지만 물 싸움이 벌어질 수밖에 없는 상황이었다. 날이 갈수록 감정이 격화되어 사태는 분쟁으로 치달았다.

부처님은 고향으로 날아가 강의 상공에 좌선을 하고 앉았다. 양측은 즉시 무기를 버리고 엎드려 경배했다. 이때 설한 우화가 『자타카본생경 本生經』에 여러 편 수록돼 있다. 부처님이 들려준 비유 가운데 널리 알려진 일화는 대략 이런 요지다.

> 아득한 옛날 어느 산속에 검은 사자가 살고 있었다.
> 사냥을 끝내고 나무 밑에서 지친 몸을 쉬고 있는데, 바람이 불어 가랑잎이 어깨 위로 떨어졌다. 신경이 곤두선 사자는 복수를 별렀다.
> 사나흘 지나 목수가 도끼를 들고 나타났다.
> '마침 잘됐다'고 여긴 사자는 목수에게 슬쩍 귀띔을 한다.
> "수레바퀴로는 저 나무가 안성맞춤이오."
> 원한을 품은 나무의 신도 목수를 부른다.
> "검은 사자의 어깨 가죽을 바퀴에 대면 아주 튼튼하지요."

현명한 사자 이야기도 나온다.

> 어느 종려나무 숲에 도토리나무가 홀로 서 있었다.
> '세상이 풍비박산 나면 어떻게 될까?'
> 나무 아래에서 토끼가 몽상에 빠져 있을 때 공교롭게도 종려나무 잎사귀 위로 털썩, 소리를 내며 도토리 한 알이 떨어졌다. 놀란 토끼는 큰소리로 외치며 달아나기 시작했다.
> "아이쿠, 큰일 났다. 세상이 무너졌다!"
> 다른 토끼들도 뛰기 시작했다. 토끼가 수백 마리로 불어나자 노루도 멧돼지도 물소도 코끼리도 덩달아 도망갔다.
> 그럴 리 없다고 생각한 사자가 도피 행렬을 막고 물었다.
> "왜 달아나는가?"
> "세상이 무너졌다네."
> "누가 그걸 보았는가?"
> 사자는 겁쟁이 토끼를 데리고 도토리가 떨어진 곳으로 갔다. 그제야 안심한 짐승들이 제자리로 돌아갔다.

『자타카』는 부처님이 최상승의 지혜를 얻을 때까지

영겁의 세월 동안 거쳐 온 다채로운 전생을 서술한 경전이다. 인연 따라 물레방아처럼 돌고 도는 것이 중생의 운명이므로 이승에서 바르게 살고 바르게 수행하라는 충고가 풍자 형식의 글 속에 담겨 있다. 말 못 하는 짐승들도 어느 생에서는 혈육이었을지 모르니 식구처럼 대하라는 훈계도 내포돼 있다. 붓다의 경지에 오른 것이 단지 현생에서 몇 해 수행한 결과만은 아니라는 뜻도 함축돼 있을 것이다.

숲의 세계를 혼란에서 구한 사자는 석가모니가 거친 다양한 전생 가운데 하나다. 무려 5백 종의 에피소드가 소개된 팔리 어 경전 이외에도 산스크리트, 중국, 티벳 언어로 번역된 우화가 지금까지 전해 오고 있다. 그 가운데는 금강경에 인용된 수행자 시절 설화도 들어 있다.

칼리라는 난폭한 임금이 시녀들을 데리고 숲으로 야유회를 온다. 질펀하게 먹고 마신 임금이 잠이 들자 주변을 거닐던 시녀들은 준수하게 생긴 수행자에게 맘을 빼앗겨 추파를 던진다.

낮잠에서 깨어나 그 광경을 본 폭군은 불같이 타오르는 질투심에 눈이 멀어 수행자의 손가락을 자른다. 신체가 훼손돼도 수행자가 평상심을 잃지 않자 도리어 더 화가 난 폭군은 손을 자르고, 발을 자르고, 그래도 성에 차지 않자 사지를 갈기갈기 찢는다.

몸을 보시하는 사람들

히말라야에서 치열하게 고행하던 비구 시절 일화는 오래 전 초등학교 도덕 교과서에 수록됐을 만큼 감동적이다. 선정에 들어 맑고 고요해진 설산동자의 귀에 청아한 음성이 들려온다.

"꽃은 피었다 곧 시들고 사람은 태어나면 이윽고 죽는다."

눈앞을 가로막고 있던 절벽이 뻥, 뚫리며 동굴 속으로 찬란한 햇빛이 비치는 느낌이었다. 나머지 구절을 마저 들으면 심신을 얽매고 있는 미망의 그물이 단번에 끊어질 것 같았다.

하지만 아무리 주변을 둘러봐도 진리의 복음을 들려줄만 한 도인은 눈에 띄지 않고, 머리를 풀어헤친 나찰만 험상궂은 표정으로 동자승을 노려보고 있었다.

"고귀한 진리를 말씀하신 분이 바로 당신입니까? 이어지는 게송의 나머지 구절을 가르쳐주시면 평생 은인으로 모시겠습니다."

공손한 요청에도 나찰은 피 묻은 손을 거칠게 흔들었다.

"아무 말 말게. 나는 사람의 피와 살을 먹어야 하는데, 여러 날 굶어 말할 기운도 없네."

"재물을 보시하는 복덕은 유한하나 진리를 가르쳐주는 공덕은 끝이 없다 하지 않습니까? 지혜를 나눠주시면 사라져 버릴 육신을 바쳐 허기를 달래드리지요. 당신은 크나큰 공덕을 지으시고 나는 짧은 순간이나마 깨달음을 얻을 수 있으니 얼마나 행복한 일입니까?"

> 세상은 변하므로 같은 모습으로 머물러 있지 않네.
> 한번 생기면 반드시 사라지는 게 만물의 이치라네.
> 삶과 죽음에 매달리지 말고 그런 생각도 벗어던지면
> 번뇌의 불이 꺼져 삶의 고통이 즐거움으로 변하리.
> 제행무상 시생멸법 생멸멸이 적멸위락
> 諸行無常 是生滅法 生滅滅而 寂滅爲樂

금쪽보다 귀한 말씀을 접한 동자는 감격어린 눈물로 고마움을 표하며 나찰에게 몸을 던졌다. 그 순간, 본래 모습으로 돌아온 인드라가 두 손으로 동자를 받아 사뿐히 땅에 내려놓았다.

석가모니라고 해서 행복한 수행자로 전생을 일관한 것은 아니다. 하인으로 태어나 모진 학대를 견디고, 남의 죄까지 떠안아 목숨을 대신 바치기도 한다. 지옥에서 화부 노릇 한 것이 무슨 자랑거리라고, 어느 생에서는 불가마 속에 갇힌 중생들 고통을 덜어주려고 풀무를 천천히 돌리다 감독에게 쇠갈퀴로 맞아 살이 찢어졌다고 고백한 경전 —『대방편불보은경』기록도 있다.

물론, 칼리와 완전히 다른 현군으로, 만백성을 살리기 위해 흔쾌히 몸을 보시한 적도 있다.

> 고대 도시 바라나시에 파드마카라는 임금이 있었다. 백성들이 걱정하기 전에 백성들 살림살이를 살피고, 백성들이 즐기고 나면 그 뒤에 비로소 자신도 즐겨 "성군이 나셨다"고 방방곡곡에 칭송이 자자했다.
>
> 그 나라에 어느 해 전염병이 돌아 백성들의 우환이 깊어

졌다. 임금까지 손수 나서서 환자를 돌보고 백방으로 영약을 수소문했으나, 역병은 쉽게 잡히지 않았다.
시름에 겨워 임금도 앓아누울 지경일 때 백발이 성성한 노인이 대궐로 찾아와 특효약을 귀띔했다. 로히타라는, 물에 사는 생물이었다.
극진한 대접을 받고 현자가 돌아간 뒤 임금은 어부를 독려하고 병졸을 풀어 하천과 강을 샅샅이 뒤졌다. 온 나라에 방을 붙이고 날랜 군사를 보내 바닷가 어촌까지 수소문했다. 하지만 영감이 그려준 수중생물은 비늘 한 점 찾을 수 없었다.

실의에 찬 임금이 신하들에게 묘책을 내놓으라고 채근하는 순간에도 환자들 신음소리는 커져만 갔다.
며칠 째 식음을 전폐한 임금은 한밤중 종묘사직에 간절히 기도를 올린 다음 혼자 조용히 궁성을 빠져나갔다.
이튿날 새벽, 강에서 평생을 보낸 어진 어부 그물에 크고 실한 생선이 걸렸다.
궁중 요리사는 생선을 잘게 썰어 한 점씩 환자들 입에 넣어주었다. 겹겹이 줄지어 늘어선 환자들이 살점을 받아먹고 돌아가 기운을 차렸으나, 고기는 줄어들지 않았다. 전국에 번졌던 괴질이 잡히자 백성들 얼굴에 다시 화색이 돌았다. 그러나 어질고 자상한 임금은 끝내 돌아오지 않았다. 눈 빠지게 기다리던 백성들 사이에서 파드마카 찬가가 흘러나와 온 누리로 퍼져나갔다.

'91겁이 지나면 부처가 되리니'

광활한 우주에 퍼져 있는 3천 개의 은하계 — 삼천대천세계를 꿰뚫어본 천안으로 인류가 걸어온 시간과 공간을 조망하면, 우주에 출현한 붓다는 헤아릴 수 없이 많을 것이다. 유인원이 지구에 처음 모습을 드러낸 시기부터 부처님 시대까지 공간과 시간을 한정해도 기나긴 세월 동안 다양한 성인, 다양한 붓다가 등장했을 것이라고 믿는 편이 훨씬 더 이성적이고 합리적인 추론이다.

더욱이 눈에 보이는 생물이든 눈에 잘 안 보이는 미물이든, 생각이 있는 동물이든 생각이 없는 식물이든, 생각이 있는 것도 아니고 없는 것도 아닌 미생물이든 —

온갖 종류의 중생이 다 불성을 가졌다고 여긴 부처님 눈에는 '강가 강의 모래항하사'보다도 더 많은 '붓다의 세계불세계 佛世界'가 보였을 것이다.

앞으로 세상이 더 빨리, 더 거칠게 변해 호모 사피엔스가 석가모니가 펼친 진리를 오해하거나 오도하는 말법末法 시대가 오면 미륵불이 사바세계에 등장한다. 미륵불은 보살 시절 석가모니로부터 장래에 성불할 것이라는 예언수기를 받은 미래의 부처님이다.

석가모니에게 수기를 내려 준 선배 부처님은 등불을 들고 다니며 어두운 세상을 환하게 밝혀 준 '연등불Dipankara Buddha'. 여러 경전에 실린 당시 상황을 간략히 복기하면 다음과 같다.

> 설산에서 지성으로 몸과 맘을 닦던 청년 수메다선혜 善慧는 부처님이 출현했다는 소문을 듣고 사슴 가죽으로 지은 옷을 차려 입었다. 산을 내려오는 동안 5백 명의 수행자를 만나 그동안 갈고 닦은 지혜를 나눠주자 그들은 여비에 보태라며 은전을 한 닢씩 주었다.
>
> 수도에 도착하여 길을 쓸고 향을 피우는 사람들 틈에서

부처님을 기다리는데, 고피라는 왕녀가 푸른 연꽃 일곱 송이가 담긴 물 항아리를 들고 그의 옆을 지나갔다.
"은전 1백 닢을 드릴 테니 그 꽃을 주세요."
"전하께서 부처님께 바칠 꽃이라 나눠 드릴 수 없습니다."
은전 2백 닢, 3백 닢… 값을 올려 가며 흥정하다 5백 닢을 다 주고 청년은 다섯 송이 꽃을 구한다.

수메다가 도심에 이르자 입구부터 국왕과 백성들이 향을 피우고 연꽃을 뿌리며 디팡카라 부처님을 환영하고 있었다. 그들의 꽃은 모두 허공으로 솟았다가 금방 땅으로 떨어졌다. 오직 수메다 보살이 바친 다섯 송이 푸른 연꽃만 공중에 뜬 채 부처님 머리 위를 장식했다. 연등불이 고요한 청년의 가슴에 불을 댕겼다.
"그대는 오랫동안 여러 생애에 걸쳐 참다운 수행을 했구나. 자아를 버리고 자비를 베풀고, 목숨을 바쳐가며 불우한 영혼들을 구했구나. 지금부터 91겁이 지나면, 그대는 샤카무니라는 부처가 되어 사바세계를 구할 것이다."
1겁Kalpa, Kappa이란 가로 세로 높이 모두 1유순Yojana, 소 두 마리가 하나의 달구지를 끌고 하루 가는 거리, 대략 12킬로미터쯤 되는 거대한 바위가 3년마다 내려오는 선녀의 비단 옷깃에 닳아 없어지는 상상 속의 시간. 청년은 부처님이 진흙길을 지나야 하는 것을 보고 얼른 옷을 벗어 길에 펼쳤다. 그래도 모자라자 머리카락을 풀어 땅에 깔았다.

"진실하고도 아름답구나, 수메다 보살이여! 그대는 진흙탕보다 혼탁한 세상에 나가 중생을 건지려고 몸과 맘을 다 바치겠구나. 오늘 내가 발에 진흙을 묻히지 않고 길을 지날 수 있도록 옷이며 머리며, 그대의 몸과 맘을 다 바쳤듯이."

부왕의 관을 메다

두 부족의 싸움을 수습하고 몇 년 지나지 않아 부처님에게 카필라바투에서 기별이 온다. 부왕이 병상에 누워 있다는 비보였다.

세존을 비롯하여 존경 받는 종교 지도자들을 배출한 것은 더할 나위 없는 가문의 영광이지만, 혈육이 모두 곁을 떠나 말년의 슈도다나는 외롭고 쓸쓸한 심경을 달

래기 어려웠을 것이다. 문중의 원로들이 머리맡에 모이자 늙은 임금은 두 아들과 손자를 꼭 한 번 다시 보고 싶다고, 오랫동안 품었던 속내를 드러낸다. 이승에서의 마지막 상봉 소원이었다.

라자그리하 교외, 영험한 독수리산영취산에 머물고 있던 부처님은 고향을 향해 길을 떠난다. 부처님이 가까이 오자 찬란하고도 따스한 광명이 먼저 부왕의 몸을 감싸 안았다. 아픔을 잊은 부왕은, 존귀한 손으로 늙고 병든 몸을 어루만져 극락으로 인도해달라고 부탁한다. 곧 이어 도착한 부처님이 아버지 이마 위에 손을 얹었다.

"인자한 임금이시여, 아무런 걱정도 하지 마십시오. 덕은 청정하여 몸과 맘의 때가 말끔히 닦여지고 공은 수승하여 하늘에 닿았습니다. 자애로운 부왕이시여, 지금까지 들은 진리를 생각하고 오랫동안 베푼 선행을 믿으십시오. 마지막 순간까지 너그러운 맘을 갖고 행복한 생각을 하시는 것이 좋습니다."

"부처님을 비롯하여 뛰어난 종교가들에게 둘러싸인 전하야말로 세상에서 가장 복이 많은 분"이라며 친족들도 입에 침이 마르도록 상왕을 칭송했다. 정반왕은 여윈 손을 내밀어 부처님 손을 잡더니 두 손을 가슴에 대고 반듯이 누워 합장을 했다. 부처님도 깊게 고개를 숙이고 합장을 했다. 얼굴 가득 만족한 웃음을 띤 채 감사의 뜻을 표하며 부왕은 편히 눈을 감았다.

샤카 족 여인들이 땅에 주저앉아 슬피 울었다. 원로들은 향수로 씻은 유해를 관에 넣고 일곱 가지 보석칠보과 진주로 장식한 뒤 꽃을 뿌리고 향을 피웠다. 부처님과 난다는 선왕의 머리맡에 서고, 아난다와 라훌라는 발아래에 서서 선왕의 공과 덕을 기렸다.

난다가 관을 메게 해달라고 부처님에게 요청했다. 뒷세상에 인심이 어지러워지면 부모의 은혜를 저버리는 불효자가 나올 것을 염려하여 부처님도 몸소 선왕의 관을 멨다. 많은 신들이 찾아와 조문 행렬에 동참했다. 사천왕은 사람의 모습으로 나타나 관을 메겠다고 자청하여 허락을 받았다.

우두와 전단 같은 향나무로 화장을 하고, 유골을 황금으로 만든 그릇에 담아 새로 세운 탑에 모시는 것으로 장례식이 끝이 났다. 향년 아흔일곱. 슈도다나 왕의 사후

세계를 염려하는 주변 사람들을 부처님이 안심시켰다.

"선왕께서는 맑고 깨끗한 삶을 사셨으니 '맑고 깨끗한 하늘정거천 淨居天'에 다시 태어날 것입니다."

황금색 옷을 입은 미륵보살

마하프라자파티는 현모양처의 표본이었다. 난다를 낳은 뒤에도 싯다르타를 친아들 이상으로 사랑했다. 태자가 출가한 뒤에는 언젠가 쓸모 있을 거라 여기고 손수 실을 뽑아 출가사문들이 겉에 입는 옷가사을 지었다. 한역 경전에 '금루황색의金縷黃色衣'라고 표기된 것을 보면 금실로 수놓은 노란 옷이었을 것이다.

카필라 교외에 머물고 있을 때 새어머니가 가사를 들고 부처님을 찾아왔다. 부처님은 "훌륭한 선물은 부처가 개인적으로 받는 것보다 종단에 보시하는 것이 더 큰 복을 짓는 것"이라며 정중히 사양했다. 어머니가 세 번이나 간청하자 부처님은 간절한 뜻을 받아들이고, 부처님 명의로 종단에 가사를 기증했다.

난처하기는 종단도 마찬가지였다. 누구도 부처님을 키운 왕후가 지은 금색 가사를 걸칠 자신이 없었다. 여기저기 밀려다닌 끝에 부처님의 분부로 미륵보살이 주인이 됐다.

미륵보살이 가사를 입고 탁발을 나가자 32상을 두루 갖춘 몸이 황금색으로 빛났다. 황홀한 광경에 다들 정신이 팔려 공양을 바치는 것조차 잊어버릴 정도였다.

미륵은 바라나시의 대신 가문에서 태어나 친척 집에서 자랐다. 바바리라는 바라문 학자의 저택이었다. 어려서부터 몸에 존귀한 상호가 모두 나타난 데다 재능이 비범해 누구도 범접하기가 쉽지 않았다. 스승의 권유로 부처님의 설법을 듣고 출가할 때 이미 그에게는 열다섯 명의 제자가 있었다.

미륵보살은 그로부터 12년이 지난 뒤 고향으로 돌아가 입적했는데, 그 즉시 도솔천으로 올라갔다. 부처님이 사바세계로 내려오기 전까지 천인들에게 지혜와 자비를 가르치던 바로 그 하늘나라다.

마하프라자파티 부인이 니그로다 동산으로 부처님을

찾아온 것은 선왕이 붕어한 지 얼마 지나지 않아서였다. 부인은 여성도 출가하여 부처님 가르침을 따르게 해달라고 애원했다. 세 차례나 거절당하자 부인은 통곡을 하며 돌아갔다.

큰 연못은 큰 둑을 쌓아야 물이 넘치지 않는다

궁전에 돌아온 뒤에도 마하프라자파티 맘속에는 오로지 출가 생각뿐이었다. 하늘나라로 돌아간 부군의 명복을 빌고 싶다는 반려로서의 애정과, 부처님 슬하로 들어간 아들과 같이 생활하고 싶은 모성애도 그의 신심 속에 포함돼 있었을 것이다.

아무리 포기하려 해도 단념할 수 없어 손수 머리를 깎은 부인은 왕비 의상을 황토색 평민 옷으로 갈아입고 바이살리로 떠난 부처님 뒤를 쫓아갔다. 샤카 족 여인들도 맨발로 뒤따라왔다. 왕궁에서 가죽신을 신고 살아온 터라 금세 발이 부르트고 먼지투성이 얼굴은 눈물로 얼룩졌다.

정사 밖에서 울부짖는 숙모와 친척 여인들의 애통함을 견디지 못한 아난다가 문밖으로 나가 하소연을 대신 들었다. 아난다의 간청에도 부처님은 쉽게 맘을 열지 않았다.

"세존이시여, 여성도 부처님 가르침을 따라 수행하면 비구와 같은 성과를 얻을 수 있습니까?"

"아난다야, 물론 그럴 수 있다."

긍정적인 대답에 용기를 얻은 시자는 마하프라자파티가 베푼 은혜를 설명하며 몇 번이고 간청을 거듭했다. 여성 수도자비구니는 비구를 존중해야 한다는 조건을 포함한 '여덟 가지 엄격한 규율8중법 八重法'을 덧붙여 부처님은 마침내 여성의 출가를 승낙한다.

부처님이 여성의 출가를 허용하지 않은 것은 능력이나 역할에 대한 봉건적 차별의식에서 비롯된 게 아니다. 일반적으로 남성보다 체력이 약한 여성들에 대한 염려와 종단의 변질에 대한 우려가 원인이었다. 실제로 아라한의 경지에 오른 비구니도 여러 명 기록으로 남아 있다. 대표적인 사례가 승만 부인Srimala Devi으로 "모든 중생은 여래의 성품을 갖추고 있다"는 교리를 설파한 『승만경』의 주인공이다.

부처님의 가르침은 평등하여 위아래가 따로 없다. 남성과 여성의 우열을 가리지 않는다. 미물과 축생까지 행복한 나라불국토를 건설하는 것이 목표이므로 남녀노소를 차별할 이유가 없다. 그러나 당시는 지금보다 여성의 인권에 대한 인식이 뒤떨어져 외딴 곳에서 여성들만 생활하는 것은 모험이 아닐 수 없었다.

"논밭에 물것이 성하면 실한 열매를 거둘 수 없다. 여자가 많고 남자가 적은 집안에는 도둑이 침범하기 쉽다. 여성이 출가하여 같이 생활하게 되면 교단의 순결을 유지하기 어렵다. 비구니들에게 수행 조건을 추가한 것은, 큰 연못은 둘레에 큰 둑을 쌓아야 물의 범람을 막을 수 있는 이치와 같다."

부처님 시대에도 욕정이 수행에 방해 된다며 성기를 자른 비구가 있었다. 그 소식을 듣고 부처님이 안타까워했다.

"자를 게 따로 있는데, 그는 자를 것을 잘못 골랐구나."

붉은 옷을 입은 여인

샤카 나라 성자는 날이 갈수록 명성이 드높아지고 영향력이 커져 갔다. 제자들도 탁월한 언행과 선행으로 수행의 본을 보였다. 신흥 종교에 대한 호기심이 종단의 번성으로 이어질 수밖에 없었다. 절대적 신에게 무조건 복종하는 의타적 신앙에서 스스로 깨닫는 자율적 종교로 대중의 관심이 기울고, 국왕까지 신자가 되는 것을 보고 조바심이 난 사람들이 있었다. 기득권에 맛을 들인 기성 종단의 지도자들이었다.

신앙인이라는 본분을 잊고 음모의 끄나풀로 매수한 것은 친차. 미모가 뛰어난 여성 수행자였다. 설법을 들은 재가 신자들이 집으로 돌아갈 저녁 무렵이면 맵시 있게 차려 입고 꽃과 향을 든 친차가 기원정사 안으로 들어갔다. 아침에 신자들이 정사 안으로 들어갈 때면 입구에서 그녀와 다시 마주치곤 했다.

처음에는 "정사에서 지금 나오는 길이냐"고 물어도 "참견 말라"며 쌀쌀맞게 굴던 친차가 반 달 넘어 한 달쯤 됐을 때부터는 주위를 둘러보며 묻지도 않은 말을 귀에 대고 소곤거렸다.

"사실은… 고타마 방에서 자고 오는 길이에요. 호호호."

서너 달 지나자 그녀는 눈에 잘 띄는 빨간 옷을 입고 은근히 배를 문지르며 대로를 누비고 다녔다. 아홉 달 되자 소의 턱뼈로 얼굴을 문질러 피부를 거칠게 꾸미고 불룩 솟은 배를 한껏 내밀며 부처님을 찾아갔다. 오후라서 많은 신자들이 뜰에 모여 설법을 듣고 있었다.

"덕 높으신 수행자님, 보시다시피 제 배가 과거를 다 말해주고 있습니다. 모든 게 수행자님의 은덕이니 출산 준비나 갖춰주시죠."

어리둥절한 사람들이 서로 얼굴을 마주보며 수군거렸다. 오래된 신자들도 부처님 입만 바라보았다.

웅성거리는 소리가 커지자 어디선가 네 마리 쥐가 나타났다. 놀라 뿌리치는 친차의 거친 손길을 아랑곳하지 않고 쥐들은 친차의 옷을 이빨로 갉았다. 배에 두른 끈이 끊어지지 함지박같이 둥근 나무 그릇이 바닥으로 툭, 떨어졌다.

다른 음모는 훨씬 더 노골적이다.

모함이 수포로 돌아가자 다른 종교 지도자들이 순다리라는 젊은 여성 수행자를 꼬드겼다. 순다리는 시키는 대로 날마다 기원정사 근처를 기웃거렸다.

모든 신자들이 그녀의 존재를 인식했을 때쯤 그들은 그녀를 으슥한 곳으로 데려가 살해했다. 그리고 정사 곁에 있는 도랑에 던지고 흙으로 슬쩍 덮은 다음 왕궁으로 달려갔다.

"순다리라는 수행자가 행방불명 됐습니다."

"짚이는 데라도 있는가?"

군주에게 직접 고변한 이교도들이 그녀를 정사 앞에서 자주 봤다고 하자 프라세나지트는 근처를 집중적으로 수색하라고 명한다.

한참 허둥거리며 못 찾는 체 하던 음모꾼들은 순다리의 시체를 널빤지에 둘러메고 저잣거리를 돌아다니며 부처님을 비난했다. 반신반의하던 시민들도 젊은 여성이 하루아침에 싸늘한 주검으로 변한 것을 보고 놀라움을 금치 못한다.

"승려들 짓이다. 여자를 욕보이고 죽여 버린 것이다."

저마다 떠들어대는 바람에 온 거리에 소문이 쫙 퍼졌다. 자식들이 줄지어 부처님 종단에 출가하는 것을 못마땅하게 여겼던 부모들이 가세하여 바닥 인심이 사나워졌다. 제자들이 탁발을 나가도 주민들은 상대를 해주지 않았다. 비구들은 하는 수 없이 부처님께 사실을 알렸다.

"이레만 지나면 뜬소문은 사라질 것이다."

이튿날도, 사흗날도 시민들의 오해는 쉽게 풀리지 않았다. "슈라바스티를 당장 떠나야 한다"는 제자들 진언에 부처님은 조금도 동요하지 않았다.

이레가 지나자 진상이 저절로 밝혀졌다. 요란하던 소문도 사라졌다. 부처님과 종단의 명예는 한층 더 높아졌다.

친차의 설화는 후대까지 전해졌다. 사건의 현장도 그대로 보존돼 있었다. 천축에 도착한 현장법사는 "불을 뿜으며 땅이 갈라져 친차를 삼켜버렸다"는 구덩이를 실제 확인한다.

순다리 이야기 역시 여러 경전에 수록돼 있을 뿐 아니라 현장이 방문했을 때까지 전해져 내려와, 현지에서 직접 설화를 들을 수 있었다.

'착한 일을 해라, 내세의 자산이 되리니'

정복욕이 가득한 프라세나지트를 불교의 세계로 이끈 것은 '꽃다발 만드는 여인'이라는 이름을 가진 말리카였다. 왕비는 딸 하나를 낳았다. 이 아기가 후에 아요디아의 왕비가 되었으며 『승만경』의 주인공이라는 기록이 있지만, 다른 학설도 있어 확실치는 않다.

아요디아가 바로 500여 년 뒤 한반도 동남부, 지금의 경남 김해에 상륙하여 가야의 첫 임금 수로의 배필이 되는 허황옥의 모국 — 삼국유사에 '아유타阿踰陀'라고 기록된 왕국 — 이라고 주장하는 학자들도 있다.

김해에서 발견된 두 마리 물고기 문양이 인도 북부의 건축물을 장식해 온 쌍어문雙魚紋에서 유래된 것이라는 가설을 바탕으로 인류학자 김병모 한양대 명예교수는 허황옥 스토리를 소설로 썼다.

2007년에는 서울 주재 인도 대사나게시 라오 파르타사라티가 비슷한 스토리를 영문 소설로 재구성했다. 어디까지 진실인지는 알 수 없지만, 진평왕의 두 번째 부인 이름이 '승만'일 만큼 불교가 신라시대에 크게 유행한 것은 사실이다.

슈라바스티를 거점으로 영토 내에 불교신자가 늘어가자 프라세나지트는 샤카 족에게 후비를 맞고 싶다는 뜻을 전한다. 동족결혼을 고집해온 샤카 족은 이민족의 요청에 난감했으나, 강대국 군주의 뜻을 거절하기도 어려웠다. 대안으로 떠오른 것이 왕족 마하나만이 여종에게서 낳은 딸 바사바. 부처님 설법을 듣는 것조차 좋아하지 않았을 만큼 성격이 모난 처녀였다.

프라세나지트는 사랑스러운 왕비 말리카가 먼저 이승을 하직하자 적지 않은 타격을 입었던 모양이다. 1백세가 넘어도 정정하던 할머니까지 갑자기 서거해서 충격이 더 컸을 것이다. 성 밖에 나가 화장을 끝내고 산발을 한 채 기원정사를 찾아온 임금을 부처님이 조용히 위로한다.

"비통한 임금이여, 이 세상 모든 존재는 언젠가 사라지는 법이오. 땅의 지배자여, 질그릇이 언젠가 깨지듯 온 세상을 지배하는 대왕도, 모든 속박을 벗어난 아라한도 끝내는 무無로 돌아가지 않을 수 없소. 땅 속의 벌레든 거대한 코끼리든, 삶이란 죽음으로 가는 과정이기 때문이오."

부처님은 프라세나지트가 두고두고 암송할 수 있도록 게송을 읊어주었다. 살아 있을 때 행복하고 임금 자리에 있을 때 공덕을 쌓으라는 뜻을 함축한 노래다.

> 탄생의 끝은 소멸이니
> 살아 있는 것은 모두 죽음의 강을 건너야 하네.
> 지은 업에 따라 선악의 과보를 받을 데로 가리니
> 죽음은 영원한 끝이 아니라네.
>
> 악한 짓을 저지른 자는 지옥으로!
> 착한 일을 베푼 자는 천상으로!
> 착한 일을 해라, 선행은 내세의 자산이 되리니.
> 선업을 쌓아라, 후세에 기댈 기둥이 되리니.

문명사적 전환기

고대부터 인도대륙은 토양이 비옥해 물산이 풍성한 데다 상아와 향신료 금은보화 같은 희귀 자원이 풍부했다. 일찍이 유럽에 '신비의 땅'이라는 사실이 알려지고 때로는 '보물섬'으로 미화되는 바람에 침략자들과 모험가들의 출몰이 빈번했다.

기원전 1,500년 무렵 아리안 족의 침입부터 '황금의 땅'을 찾아 고국을 떠난 15세기 콜럼버스의 신대륙 탐험, 그리고 근대의 제국주의자들에 이르기까지 인도는 3천년 넘게 지배와 복속, 도전과 응전이 되풀이된 역사의 현장이다.

기원전 7세기 무렵 유입된 철기문화는 농산물 생산을 비약적으로 늘린 반면, 철제 무기로 무장한 세력 간의 전쟁도 빈번해진 희비극의 단초였다. 도끼와 보습의 발명으로 개간이 쉬워지자 농토가 늘고, 창과 칼의 등장으로 침략과 정복이 잦아졌다. 도시가 번창하고 상업과 무역이 활발해 부자와 빈자의 소득 격차도 커졌다.

부처님 시대 북인도에는 16개 대국Mahajanapadas이 있었다. 그 중에서도 마가다 코살라 밧사 아반티 — 네 개 군주국의 세력이 두드러졌다. 당시는 목축에서 농경으로 생산양식이 전환되고 물질문명과 정신문화가 급속히 발달했으나, 강력한 왕권을 갖춘 군주국가가 부족국가를 잇따라 점령하는 바람에 전쟁과 평화, 수탈과 발달이 날실과 씨실처럼 교차되던 문명사적 전환기였다.

마가다는 석가모니가 일으킨 신흥종교가 큰 어려움 없이 인도 전역에 뿌리 내릴 수 있도록 안정적 기반을 제공한 불교국가. 젊은 날 왕자와 사문으로 첫 인연을 맺은 빔비사라는 부처님의 가르침에 귀의한 독실한 신자로, 종단을 후원하는 데 앞장선 현군이다.

국력에 걸맞게 대왕 호칭을 가진 그는 무력으로 영토를 확장하는 일에도 적극적이었다. 강대국이 불붙인 침략전쟁은 3백 년 뒤인 기원전 3세기, 마우리아 왕조 3대 군주 아소카아쇼카 대왕이 남부를 제외한 인도 대륙을 평정하고 불교를 크게 중흥시킨 뒤에야 대단원의 막이 내린다.

막강한 군주로 군림하던 30여 년 동안 피비린내 나는 전쟁터에서 지은 업장 때문이었을까. 빔비사라의 말년은 불행했다. 야망에 불타는 아들 아자타샤트루는 질투에 눈먼 데바닷타의 꼬임에 빠져 무력으로 왕권을 빼앗았다. 독방에 갇힌 폐주는 굶주림 속에서도 목갈라아나의 설법을 듣고 평안히 눈을 감았다.

아자타샤트루는 데바닷타를 따랐지만, 난처한 상황에 처하면 정사를 찾거나 사람을 보내 부처님의 고견을 경청했다.

그는 그러나 부처님이 입적한 직후 군대를 동원해 유해에서 나온 구슬 모양의 뼈 사리 Sarira 를 요구했을 만큼 권력과 물욕에 탐닉한 기회주의자였다.

전쟁으로 국경을 넓혀온 그의 부친 빔비사라가 자주 궁궐을 비우는 동안 왕의 자리를 지키는 하나의 방편은 혼인정책. 경쟁국에서 왕비를 맞아들여 긴밀한 관계를 맺는 혈연 방식이었다.

세 명의 왕비 가운데 첫 째는 프라세나지트의 누이동생 코살라 데비였다. 코살라는 후비인 바이데히가 낳은 아자타샤트루가 왕위를 찬탈하자 자결한다. 이 일이 원인이 되어 두 나라 사이에 전쟁이 일어났으나, 그때까지는 군사력이 비슷해 1승 1패의 공방 끝에 화해를 맺고 사건을 종결한다.

뒤에 서자인 비두다바에게 왕위를 빼앗긴 프라세나지트는 아자타샤트루에게 의지하려고 라자그리하로 발길을 옮긴다. 그러나 운명은 거기까지였다. 궁성 앞에서 그만 병을 얻어 그는 타국에서 최후를 맞는다.

부처님의 훈계를 외면하고 비두다바는 카필라바투를 공격해 외가 나라인 샤카를 멸망시켰으나, 그가 통치하던 국가 역시 얼마 안 가 마가다의 군사력 앞에 무릎을 꿇는다.

패륜의 종말

외교적 타결보다 군사적 대결이 빈번한 패권 시대일수록 권력은 날카로운 발톱을 드러내고 윤리와 도덕은 설 자리가 좁아진다.

프라세나지트와 바사바 사이에서 태어난 비두다바는 재앙의 씨앗이었다. 샤카를 방문했을 때 어머니가 비천한 신분이라는 사실을 알게 된 그는 심한 모욕감을 느끼고 복수를 다짐한다.

훗날 그는 부왕이 군사를 이끌고 출정한 사이 정변을 일으켜 정권을 잡고, 일찍이 작심한 대로 카필라로 진격한다. 도중에 큰길가 마른나무 아래에 앉아 그를 기다리는 부처님과 마주치자 말에서 내려 경배한다.

"세존이시여, 근처에 가지와 잎이 무성한 나무도 많은데 왜 하필 앙상한 나무 아래 계십니까?"

"비두다바여, 핏줄이 있으면 그늘이 없어도 시원하다네."

인륜에 어긋난 일을 도모하지만 말귀를 못 알아들을 만큼 무지하거나 부처님 말씀을 거역할 만큼 무도하지는 않았든지, 비두다바는 즉시 군대를 돌린다. 그 뒤에도 두 차례 더 같은 일이 반복된다.

삼세번 이후 네 번째. 그가 다시 외가 나라를 침공할 때는 부처님도 더 이상 원인에 따른 결과를 되돌릴 수 없다는 것을 알고 모습을 드러내지 않는다.

샤카는 애당초 코살라의 상대가 되지 못했다. 국력의 차이가 큰 데다 살생을 좋아하지 않는 평화주의자들이 강력한 나라, 복수심에 불타는 젊은 군주의 병력을 물리치는 것은 쉬운 일이 아니었다.

방법은 단 하나, 시간을 벌어 인명 피해를 줄이는 것뿐. 외할아버지 마하나만이 침략자 비두다바를 만나 간곡히 요청한다.

“내가 다시 떠오를 때까지만 기다려 다오. 그동안 피난 가는 백성들 행렬을 막지 말고.”

물속으로 들어간 외조부는 머리카락을 풀어 나무뿌리에 묶고 숨을 거둔다. 하지만 자존심 강한 샤카 사람들은 자기만 살겠다고 피난을 떠나려 하지 않았다. 희생자는 끝이 없이 불어났다.

일방적 승리를 거둔 비두다바는 돌아가는 즉시 배 다른 형인 제타 태자를 살해한다. 이제는 누구도 거리낄 것이 없었다. 코살라 안에서는 어딜 가든 그의 독무대였다.

하지만 그도 이레 만에 갑작스럽게 찾아온 저승사자 앞에서 무력하게 무너진다. 불어난 강물에 휩쓸려 떠내려갔다고도 하고, 연못 가운데 지은 전각에 불이 붙어 타죽었다고도 하니 사인은 지금도 분명치 않다.

단 한 가지 확실한 것은, 땅 위에 두려울 것 없던 야심찬 군주도 하늘의 그물망은 피하지 못했다는 사실뿐.

4. 살아 있는 것들은 다 행복해라

'원한은 원한으로 풀어지지 않는다'

부처님 종단에는 훌륭한 제자가 즐비했지만, 말썽을 피우는 제자도 더러 있었다. 부처님이 강가 강 북쪽 지류에 있는 도시 카우샴비코삼비에 머물고 있을 때 한 비구가 계율을 위반했다.

처음에는 그것이 파계에 해당하는 중죄인지를 놓고 의견이 갈리더니, 급기야 두 파로 나뉘어 대립과 반목이 지속됐다. 부처님은 먼저 비판론자들을 타일렀다.

"비구들이여, 그대들 생각을 고집하여 종단이 분열될

염려가 있을 때에는 죄의 유무를 결정하는 데 신중해야 한다."

옹호론자들을 찾아가서도 화합을 강조했다.

"비구들이여, 죄를 범했으면 진심으로 참회해야 한다. 버티면 일이 해결될 것이라고 안일하게 생각해선 안 된다. 믿을 만한 도반들이 유죄라고 판단한다면, 무리 지어 반대하기 전에 귀를 기울여야 한다."

"거룩한 세존이시여, 조금만 더 기다려 주십시오. 법의 주인이시여, 이 문제는 자율적으로 처리할 수 있으니 우리에게 맡겨 주십시오."

제자들의 간곡한 호소에 부처님은 비유로 설법을 대신했다.

> 옛날 바라나시에 카시에 브라흐마닷타라는 왕이 있었다. 그가 코살라를 공격하자 국왕 디기티는 왕비와 함께 질그릇을 굽는 옹기장이 집으로 몸을 피했다. 왕비는 은신처에서 아들을 낳았는데, 발각되면 모두 변을 당할 우려가 있어 왕자를 다른 곳에 숨겨 두었다. 왕자는 그곳에서 훌륭한 교육을 받으며 무럭무럭 자랐다.

여러 해가 지났는데도 고자질하는 자가 있어, 코살라 왕과 비는 거리로 끌려 다니며 모욕을 당했다. 처형이 코앞으로 다가온 순간, 때마침 도시로 나와 있던 왕자 디가브 눈에 손발이 묶인 채 고문당하는 부모 모습이 들어왔다. 저도 모르게 재빨리 공격 자세를 취하는데, 어느 틈에 아들을 본 아버지가 혼잣말하듯 중얼거렸다.

"원한은 원한으로 풀어지지 않는다. 원한을 버려야 원한의 고리가 풀리는 법이다."

형리들은 죄수가 겁에 질려 헛소리를 지껄인다고 여겼지만, 디가브는 유언과도 같은 아버지의 말뜻을 곧바로 알아 차렸다.

네 토막으로 잘린 어버이 몸은 유혈이 낭자한 채 사방으로 흩어졌다. 디가브는 파수병에게 술을 먹여 취하게 한 다음 부모의 시신을 거두어 화장을 했다.

인적이 끊긴 곳에서 대성통곡을 한 디가브는 궁성 안으로 들어갔다. 뛰어난 리라 연주와 노래 솜씨를 발휘해 브라흐마닷타 눈에 든 뒤에도 그는 정성을 다해 시중을 들었다. 임금이 부르기 전에 공연을 준비하고 임금이 싫증

내기 전에 새로운 향연을 마련했다. 디가브가 임금의 총애를 한 몸에 받는 데는 그리 긴 시간이 걸리지 않았다.

임금은 사냥을 나가며 디가브에게 말고삐를 맡겼다. 디가브는 호위무사들을 따돌리고 외진 계곡으로 마차를 몰았다. 저녁 무렵, 사냥에 지친 임금이 디가브의 무릎을 베개 삼아 깊은 잠에 빠졌다.

'하늘이 드디어 복수할 기회를 주셨구나.'

디가브는 서슴없이 칼을 뽑았다. 그때 부왕의 마지막 당부가 떠올랐다. 그는 칼집에 칼을 꽂았다. 그러나 양친의 참혹한 최후가 떠올라 울분을 참을 수 없었다.

세 차례나 칼을 뽑았다 다시 넣는 바람에 가위에 눌린 듯 임금이 벌떡 일어났다. 사태를 짐작한 임금은 살려달라고 애걸했다. 결국 자초지종을 얘기한 끝에 두 사람은 원한을 버리고 화해한 뒤 궁성으로 돌아왔다. 디가브는 선왕의 가르침이라며 이렇게 말했다.

"원한을 품고 칼을 들면 원한이 원한을 낳아 영원히 원한은 풀어지지 않는 법입니다."

브라흐마닷타는 디기티 부자의 인품에 감동해 디가브를 사위로 삼고 코살라를 그에게 돌려주었다.

'때로는 눈처럼 차갑고 때로는 불처럼 뜨거워라'

디가브의 지혜로운 처신 덕에 코살라 왕국의 비극은 해피엔딩으로 반전됐지만, 제자들의 오만과 편견을 깨뜨리는 데는 시간이 걸렸다.

부처님은 아무도 거느리지 않고 슈라바스티를 향해 길을 떠났다. 도중에 홀로 수행하고 있는 비구를 만나면 궁금증을 풀어 주고, 서로 도와 수행을 함께하는 도반들을 만나면 진리를 설했으니 따로 떨어진 수도승들을 위한 설법 여행이었다.

커다란 코끼리가 숲속에 앉아 있는 부처님 곁으로 다가왔다. 긴 코로 잡초를 뜯어 주변을 말끔하게 정리하더니 과일을 따다 부처님을 공양했다. 군주 못지않은 걸음걸이며 빛나는 눈을 보니 일부러 귀찮은 무리에서 벗어난 것 같았다. 부처님이 시를 읊어 수도승처럼 고독을 즐기는 장부 코끼리를 칭찬했다.

규율 위반 사건은 원인을 만든 비구가 반성하고 지지자들에게 사과한 뒤, 동료들이 문제의 비구를 데리고 와 부처님에게 처리를 맡김으로써 해결의 실마리를 찾았다.

규정대로 회의를 연 비구들은 그에게 유죄를 선고하고 사태를 마무리했다.

지혜와 공덕은 하늘을 찌르고 자비와 복덕은 강물에 비친 달과 같이 지상에 고루 퍼졌으나, 부처님도 사바세계에 발을 딛고 있어 크고 작은 일들이 일어났다. 끊임없이 부처님 명성을 시기하고 생명까지 위협하는 데바닷타는 대표적인 말썽꾼들 가운데 하나다.

세상의 존경을 한 몸에 받는 성자를 비난하는 데바닷타를 쫓아낸 뒤, 한 핏줄에서 태어난 아난다가 시름에 잠겨 있다는 보고를 받고 부처님은 제자들에게 데바닷타와 얽히고설킨 전생의 인연을 들려준다. 세상에 원인 없는 결과는 없고, 오랜 인연을 알고 나면 인내하지 못할 고난도 없다며 슬기로운 언행을 당부하는 설법이다.

『잡보장경』에 수록된 장문의 법문인데, 시의 형식을 띄고 있어 기억하기 쉽고 표현이 미려해 고금에 널리 알려진 명문이다.

제자들과 제석천이 번갈아 짧게 질문하면 적절한 비유를 들어가며 자상하게 설명하는 대목만 봐도 세존의 인품을 짐작할 수 있다.

지금까지도 즐겨 암송되는 게송 가운데 인생의 좌표로 삼아도 좋을 만한 대목을 옮기면 다음과 같다.

> 때로는 벙어리처럼 침묵하고
> 때로는 군주처럼 말해라.
> 때로는 한겨울 눈처럼 차갑고
> 때로는 타오르는 불처럼 뜨거워라.
>
> 때로는 수미산처럼 높고 크게 처신하고
> 때로는 누운 풀처럼 고개를 숙여라.
> 때로는 임금처럼 위엄 있고
> 때로는 해탈한 성인처럼 고요히 머물러라.
>
> 때로는 굶주리고 목마른 고통을 참고
> 때로는 힘든 일도 기쁜 일도 흔쾌히 견디며
> 때로는 재물이나 보물을 오물로 여겨
> 분노와 원망을 자유자재로 다루어라.

> 때로는 선인처럼 풍류를 즐기고
> 때로는 사슴처럼 두려워하고
> 때로는 범처럼 당당하고 용맹해라.
>
> 지금이 기회인지 아닌지
> 힘이 있는지 없는지 잘 살펴보고 대응해라.
> 어느 쪽이 더 부강한지, 아니면 소멸하는지
> 알 수 있을 것이다.
>
> 참을 수 없는 것을 참는 게 진실한 참음이니
> 약한 자들 앞에서도 마땅히 참고
> 부귀하고 강성해도 늘 겸손하고 인내해라.
> 참을 수 없을 때 참는 것이 진짜 참음이다.

데바닷타는 부처님의 가르침과는 거리가 먼 이단이지만, 부처님은 끝까지 그를 포용하려고 노력했다. 그러나 현장이 현지를 찾았을 때까지도 천 년 전 일화가 유적으로 남아 있었다는 것을 보면 인도 사회에 끼친 권선징악의 교훈은 크고도 깊었던 모양이다.

『대당서역기』에는 기원정사 가까이에 "데바닷타가 독약으로 부처님을 해치려다 산 채로 지옥에 떨어졌다"고 하는 깊은 구렁이 나온다. 데바닷타의 제자인 코칼리카가 "여래를 비방하다 산 채로 지옥에 떨어졌다"는 구렁텅이와 "친차가 산 채로 지옥에 떨어졌다"는 구렁텅이가 근처에 있다는 기록도 보인다.

"세 구렁 모두 깊이를 알 수 없고, 아무리 비가 많이 와도 물이 괴는 일이 없다"는 표현으로 미루어 보면 인생은 짧지만 기록은 길고, 지옥은 지구 끄트머리 철갑으로 에워싼 철위산 속에 있는 감옥이 아니라 부끄러운 이름이 시도 때도 없이 중생들 입방아에 오르내리는 치욕과 같은 것 아닐까.

나라가 쇠퇴하지 않는 일곱 가지 방법

빔비사라는 처음부터 부처님을 믿고 의지했다. 프라세나지트는 왕비와 시민들의 영향으로 나중에 부처님을 믿기 시작했다. 두 임금 모두 무력으로 땅을 넓혔으나, 진리를 접한 뒤부터는 덕으로 나라를 다스리려고 노력했다.

두 나라에는 불교에 귀의한 아바야바 태자와 제타 태자가 있었으나, 둘 다 왕위를 계승하지 못한다. 마가다에서는 아자타샤트루가, 코살라에서는 비두다바가 쿠데타를 일으켜 왕권을 차지했기 때문이다.

두 강대국 가운데 승자는 마가다였다. 세력 확장을 꾀한 아자타샤트루가 눈독을 들인 곳은 강가 강 북쪽에서 번성하던 밧지(브리지) 족.

그는 데바닷타와 가까운 사이였으나 이 무렵에는 이미 자신의 지위가 안정되어 더 이상 데바닷타에게 현혹될 이유가 없어진 데다 세상에 호평이 자자한 대종교가의 권위를 빌지 않을 수 없었다. 큰일을 앞두고는 자주 사신을 보내 부처님의 조언을 구했다. 부처님은 등 뒤에서 부채를 들고 있는 아난다에게 일곱 가지를 물었다.

> 밧지 족이 자주 모임을 갖는다는 말을 들었느냐?
> 사이좋게 토론하고 합심하여 일을 처리하느냐?
> 예로부터 내려오는 전통과 풍습을 잘 지키느냐?
> 연장자를 섬기고 원로들 의견을 잘 듣느냐?

부녀자나 소녀에게 억지로 일을 시키지는 않느냐?
안팎의 종묘를 공경하고 때맞춰 제사를 지내느냐?
성직자를 공경해 이웃나라 성직자들도 찾아오느냐?

모든 질문에 긍정적인 답변을 들은 부처님이 대신에게 말했다.

"바라문이여, 일찍이 나는 바이살리 근처에 있는 사라다다 사당에 머물 때 밧지 사람들에게 일곱 가지 쇠퇴하지 않는 법을 가르쳐준 적이 있소. 그들이 지금까지 건강하게 나라를 운영하는 법을 잘 지키고 있다면 번영할지언정 결코 쇠퇴하지 않을 것이오."

마가다 대신이 허리를 굽혔다.

"세존이시여, 일곱 가지 쇠퇴하지 않는 법 가운데 단 한 가지만이라도 성실히 지킨다면 아자타샤트루 대왕이라도 무력으로 이길 수는 없겠습니다. 혹시라도 내부에서 음모나 분열이 일어난다면 모르겠습니다만."

부처님은 바이살리 사람들을 사랑했다. 무서운 전염병이 돌아 아무도 가까이할 수 없을 때에도 몸소 그곳을 방문하여 환자들을 돌보고 간병에 지친 식구들을 위로해 그 나라를 위기에서 구해준 적도 있다.

부처님 말씀 중에 '안팎의 종묘'라는 용어와 '이웃나라 성직자들'이라는 표현에는 각기 다른 조상신과 종묘사직은 물론 다른 민족, 다른 종교까지 서로 인정하고 화합하라는 배려와 포용 정신이 함축돼 있다.

부처님의 최후 모습을 그린 『열반경』은 아자타샤트루왕의 야망을 제어하는 데에서 시작한다. 그것은 곧, 첩자의 음모에 의해 내부가 갈라질 위험을 안고 있는 바이살리에 대한 염려와 연민이자 여든 살, 팔순의 부처님이 군주들에게 설파한 민주적 국가경영 철학이자, 세계평화에 기여하라는 마지막 당부였다.

'네 자신과 진리를 등불로 삼아라'

마가다의 대신이 돌아간 뒤 부처님은 아난다에게 라자그리하 주변에 있는 승려들을 모두 강당에 모으라고 이른다. 불교 종단은 각 지방 별로 자율적으로 운영되고 있어서 회의나 모임도 중소 규모로 이루어졌다. 인근의 종단 식구들을 모두 집합시키는 것은 그만큼 이례적인 일이었다.

그날 설법은 종단을 자치적으로 운영하여 부처님 사후에도 지속적으로 성장할 수 있는 기반을 마련하는 방안에 초점이 맞추어졌다. 남방불교와 북방불교, 그리고 수록된 경전에 따라 표현은 조금씩 다르나 일곱 가지 항목은 모두 같다. 팔리 어 버전보다 한역 『유행경』이 조금 더 간명하다. 민주적인 토론을 거쳐 합의에 이른 7개 항의 종단 운영 원칙은 대략 다음과 같다.

> 자주 모여 올바른 도리를 서로 말한다.
> 선후배가 사이좋게 지내고 서로 존중한다.
> 진리를 받들고 부지런히 깨우치며 계율을 지킨다.
> 경험과 지혜가 많은 비구들을 존경하고 따른다.
> 본래의 맘을 잘 간직하고 정중한 태도를 지닌다.
> 늘 청정하게 수행하고 욕망에 빠지지 않는다.
> 도반을 앞세우고 나는 뒤로 물러나며
> 명예나 이익을 탐하지 않는다.

멀리서 온 제자들을 돌려보낸 부처님은 강가 강을 건너 북쪽으로 방향을 잡았다. 밧지 족이 사는 마을을 지날 때면 빠뜨리지 않고 설법을 계속했다. 밧지 족 수도 바이살리로 가는 도중, 미모가 뛰어난 기생 암라팔리암바팔리의 초대를 받고 제자들과 공양을 함께하기도 했다.

설법을 듣고 환희심이 용솟음친 암라팔리는 아름다운 동산을 부처님께 기증하고 비구니가 된다. 그 무렵 바이살리는 식량이 부족해 단체로 탁발하기가 어려웠다. 부처님은 제자들을 수도 주변으로 흩어지게 한 다음 아난다만 데리고 벨루바나 정사에서 우안거를 지냈다.

때때로 부처님 몸에 병고가 찾아왔다. 당장 눈을 감아도 놀랍지 않을 만큼 격렬한 통증이 몰려올 때도 있었다. 부처님은 맘을 집중하여 몸의 고통을 다스렸다.

'제자들에게 알리지 않고, 종단을 다 돌아보지도 않은 채 열반에 드는 것은 옳지 않다. 정신력으로 육체를 이기고 고통을 줄여 이별의 시간을 연장하자.'

법력으로 병고에서 벗어난 부처님이 정사에서 나와 그늘에서 쉬고 있는데, 심부름 갔던 아난다가 허겁지겁 달려왔다.

“세존이시여, 여래께서 편찮으시다는 소식을 듣고 온 몸에 힘이 빠지고 앞이 캄캄하여 자주 다니던 길조차 쉽게 찾을 수 없었습니다. ‘세상의 존경을 한 몸에 받는 부처님께서 아무런 교훈도 남기지 않고 열반하실 리 없다.’ 이런 확신만이 저에게 위로가 됐습니다.”

“아난다야, 종단이 아직도 내게 무엇을 기대한단 말이냐? 나는 이제 노쇠했다. 낡은 수레가 간신히 움직이고 있는 것과 다름없다. 모든 종류의 감각을 멈추고 심신을 통일하여 선정에 들어야 비로소 몸이 평안해진다.”

아난다의 눈에서 탄식의 눈물이 쏟아졌다.

“아난다야, 엎지른 물은 도로 담을 수 없다. 지난 일이 후회스러울 때마다 더 지혜롭게 처신하면 된다. 아난다야, 너의 주인은 너다. 언제 어디서든 스스로 주인이 되고, 무슨 상황이 닥치든 중심을 잃지 말아야 한다.”

아난다가 부처님 발에 엎드려 빈사의 사자처럼 엉엉, 소리 내어 울었다. 부처님이 들썩거리는 아난다의 어깨를 다독거리며 마지막 당부를 교훈으로 남겼다.

아난다야, 너를 믿고, 너 자신을 등불로 삼아라. 진리를 믿고, 진리를 등불로 삼아라. 지혜의 눈을 뜨면 풀벌레가 스승으로 보이고 진리에 귀가 열리면 물과 바람이 설법을 하느니라."

악마와의 약속

바이살리 교외에 있는 차팔리 사당에 머물고 있을 때, 부처님은 가장 가까운 사람 — 사촌동생이자 처남이자 제자이자 비서인 아난다에게 가장 무거운 언질을 준다. 자신의 운명에 대한 자문이었다.

"여래와 같이 모든 신통력을 갖춘 붓다는, 원한다면 언제까지든 이 세상에 머물 수 있다."

바라는 답이 안 나와서 그랬던지, 부처님은 세 차례나 같은 취지로 말씀을 되풀이한다. 대중이 간곡히 요청한다면 사바에 더 머물며 너와 같이 미욱한 중생을 미혹의 세계에서 더 많이 구해주겠다는 뜻이었다.

크고 깊은 속뜻을 짐작조차 하지 못해 아난다는 그때

마다 잠자코 있었다. 아스라이 펼쳐진 바다에서 눈먼 거북이 나뭇조각을 잡기보다 더 어려운 기회를 주었는데도 탐욕에 물든 속세를 깨우기 위해, 진리에 어두운 중생을 일깨워주기 위해 이승에 영원히 머물러 달라는 간청을 하지 않은 것이다.

"아난다의 맘이 이미 악마에게 사로잡혀 있었기 때문"이라는 게 경전들에 나타난 일반적 해석이다. 인간이라면 누구나 죽음을 면할 수 없다는 고정관념과, 노쇠한 부처님에게 미래가 얼마 안 남았을 것이라는 선입견에 빠져 애제자로서, 혈육으로서, 한시도 거르지 않고 시중을 들어온 시자로서 당연히 가졌을 법한 애절하고도 간곡한 염원을 지레 포기했기 때문이라는 질책이 경전의 행간에 내포돼 있다.

입이 닳도록 그렇게 정성스럽게 고구정녕 苦口叮嚀 여래를 겉모습으로 보지 말라고 당부했는데도 아난다마저 허상에 빠진 결과였을 것이다. 두 번 다시 오지 않을 틈새를 악마가 파고들었다.

말귀를 못 알아듣는 시자를 물리고 홀로 앉은 부처님

에게 마왕 파피만이 유혹의 손길을 내민다. 부처님은 때가 온 것을 알고 "석 달 뒤에 입적하겠다"고 마왕에게 언약한다.

부처님 말씀이 떨어지기가 무섭게 천지간에 엄청난 굉음이 울리면서 땅이 흔들렸다. 지진에 놀라 아난다가 달려왔다. 120세까지 머물기로 했던 사바와의 인연을 40년 앞서 단축한 사실을 부처님이 일러주자 아난다는 그제야 "더 오래 세상에 머물러 달라"고 눈물로 애원한다.

하지만 한번 입 밖으로 나간 말은 불러올 수 없고 흘러간 시간은 되돌릴 수 없어 운명은 코앞까지 바싹 다가와 있었다.

아난다를 시켜 바이살리에 있는 비구와 비구니를 모두 모이게 한 뒤 부처님은 공개적으로 작별을 고한다.

"지금부터 석 달 뒤 여래는 열반에 들 것이다."

붓다의 신통력을 철석같이 믿고 있던 제자들에게는 마른하늘 날벼락이 아닐 수 없었다. 세존도 인간적인 감회는 감추기 어려웠던지, 탁발을 나갔다가 돌아올 때는 걸음을 멈추고 눈에 익은 동네를 천천히 둘러보았다.

'이것이 바이살리를 지나는 마지막 여행이구나.'

최후의 공양

부처님은 여러 나라를 지나고 크고 작은 마을을 거쳐 파바의 수도로 가, 교외에 있는 과수원에 머문다. 금속세공을 하는 춘다의 소유지였다. 소식을 들은 춘다는 한 걸음에 달려와 부처님 두 발에 머리를 조아리며 예를 갖췄다.

설법을 듣고 기쁨에 겨워 그는 이튿날 아침 부처님 일행을 초대한다. 이승에서의 마지막 공양이었다. 네 가지 버전의 한역 『열반경』 가운데 세 종류의 책은 그날 음식에 대해 특별한 언급이 없다. 하나의 책에만 "전단나무 버섯이라는 세상에 드문 음식을 세존께 올렸다"고 적시돼 있다.

"이 버섯을 소화할 수 있는 사람은 여래밖에 없네. 도반들에게는 대접하지 마시게."

부처님 말씀을 춘다는 그대로 따랐다. 공양을 마치고 돌아오는 길에 다시 등에 아픔을 느껴 자리에 앉은 부처님이 아난다에게 당부한다.

"춘다가 바친 음식이 여래가 이승에서 받은 최후의 공

양이다. 그렇다고 그 때문에 춘다가 후회할 필요는 없다. 여래가 도를 이루었을 때 처음 바친 공양이나 마지막 가는 길에 바친 공양이나 다 같이 가치가 커 그 과보는 조금도 다르지 않다."

경전은 고통의 장면을 시편으로 마무리한다.

> 춘다의 집에서 공양하신 뒤
> 여래의 병은 무거워지고
> 이승의 끝은 가까워졌네.
> 전단나무버섯을 드시고 병이 도졌지만
> 여래께서는 아픔을 안고 길을 걸어
> 쿠시나가르로 가셨네.

팔리 어 경전도 한역 경전과 내용은 비슷한데 '전단나무버섯'이 아니라 '수카라맛다바'를 공양한 것으로 돼 있다. 부처님의 당부도 한층 명료하다.

"신심이 깊은 춘다여, 남은 수카라맛다바는 땅을 파서 묻어버리는 게 좋겠네. 천인이든 마왕이든 브라흐마든, 또는 그 밖의 어떤 생명체든 이것을 먹고 바로 소화

시킬 수 있는 자는 여래밖에 없네."

팔리 어 불경에도 같은 시가 실려 있는데 '아픔을 안고'라는 표현 대신 '설사를 하면서'로 적혀 있어 묘사가 한층 더 구체적이고 인간적이다.

최후의 음식은 아직도 논란의 대상이다. 팔리 어 주석은 "너무 어리지도 늙지도 않은 질 좋은 멧돼지의 날고기로 연하고 부드럽다"고 설명한다. '수카라'가 돼지라는 뜻이므로 일리 있는 해석이다.

『우다나』라는 경전에도 춘다의 공양이 묘사돼 있는데, 그 책의 주석은 더 자세하다.

"'수카라맛다바란 멧돼지의 연하고 부드러운 날고기'라고 『대주석』에 기술돼 있다. 그러나 어떤 사람들은 멧돼지가 즐기는 버섯이라 하고, 다른 사람들은 멧돼지가 밟고 지나간 땅에서 나오는 버섯이라고도 한다. 일종의 약초라고 여기는 사람들도 있다."

‘진실한 수행이 최고의 공양’

춘다의 공양을 받은 부처님은 곧장 쿠시나가르로 길을 떠난다. 도중에 나무 아래에서 가사를 네 겹으로 접고 그 위에 앉아 지친 몸을 쉬기도 한다.

아난다에게 마실 물을 떠오라고 하자 아난다는 “방금 마차 5백 대가 지나가며 강바닥을 휘저어 놓아 물이 아주 흐리다”며 “조금 더 가서 카쿳다 강에 도착하면 깨끗한 물을 드리겠다”고 답한다. 이 구절이 팔리 어로는 다르게 기록돼 있다.

“강물이 흐리다고 세 번이나 말씀드렸지만 부처님께서는 같은 분부를 반복하셨다. 아난다가 물을 뜨러 가보니 조금 전까지도 흐리던 강물이 맑게 가라앉아 있었다. 아난다는 부처님의 신통력에 놀라움을 금치 못하며 정성껏 물을 떠다 드렸다.”

카쿳타 강에 이르러서는 손수 강물에 몸을 씻으며 물을 마셨다. 강에서 올라온 부처님은 가사를 네 겹으로 접어 그늘에 펴게 하고 그 위에 누웠다.

전반의 휴식 때 '앉았다'는 표현이 두 번째 기록에는 '누웠다'로 달라진다. 이 대목 또한 팔리 어 경전에만 보이는 사실적 묘사다. 부처님을 가급적 인간에 가깝게 묘사하여 '누구나 성불할 수 있다'는 가르침을 강조하려는 팔리 어 텍스트의 편집 의도가 엿보이는 대목이다.

수시로 고통이 엄습해 경황없는 순간에도 부처님은 "오늘 밤 입적하는 것에 대해 춘다가 슬퍼하는 일이 없도록 하라"며 끝까지 배려를 아끼지 않는다. "그것은 커다란 공덕이지 후회할 일이 결코 아니다"라는 격려를 되풀이하며.

휴식을 취하며 기력을 회복한 부처님은 히란냐바타 강을 건너 말라 족이 가꾼 사라나무 숲으로 향한다. 많은 비구들이 뒤를 따랐다. 부처님은 두 그루의 사라나무 사라쌍수 沙羅雙樹 사이를 마지막 안식처로 정했다.

잠자리가 마련되자 부처님은 북쪽으로 놓인 베개를 베고 오른쪽 옆구리를 바닥에 댄 채 발을 포개고 모로 누웠다.

제철도 아닌데 꽃을 피운 사라나무가 은은한 향기로

숲속을 감쌌다. 새들이 울음을 멎고 바람도 숨을 죽이고 있는데, 부처님 위로 사라나무 꽃 이파리가 눈꽃처럼 휘날렸다.

천상에서도 전단 향을 피우고 꽃을 뿌리며 그윽한 음악 공양을 했다. 부처님이 천천히 입을 열었다.

"아난다야, 여러 가지 공양이 있지만 여래를 참으로 진실하게 공양하는 것은 출가 수행승과 재가 신자들이 올바르게 수행하여 지혜를 찾아가는 것이다."

80년 전 갓난아기의 음성으로 세상의 주인은 나라는 진리를 설파한 룸비니, 나의 주인은 내 맘이라는 진리를 깨달은 보드가야, 탐내고 성내고 어리석은 맘을 버리고 부처의 심성을 되찾는 것이 열반으로 가는 첫 걸음이라며 얼룩진 세상의 양심을 깨운 녹야원, 그리고 눈에 보이는 모든 형상은 허상일 뿐이라는 진리를 손수 증명하려고 노구를 이끌고 온 쿠시나가르.

미래에 선남선녀들이 찾아와 석가모니가 남기고 간 자유와 평등, 사랑과 자비 정신을 되새기기 좋을 곳으로 부처님은 네 곳을 들었다. 지금까지 전 세계 불자들이 4

대 성지로 손꼽는 유적지로, 하루도 순례의 발길이 끊이지 않는 역사의 현장이다.

열반 이후 뒤처리를 묻는 아난다에게 부처님은 성聖과 속俗 — 수도승의 세계와 사바의 세계에 분명한 선을 긋는다.

"아난다야, 너희 비구들은 여래의 장례 같은 일에 관여하지 마라. 번뇌에서 벗어나기 위해 부모까지 버렸으면 한 순간도 허비하지 말고 정진해야지, 속세의 일에 신경 쓰면 되겠느냐. 세간의 일에는 관심을 두지 말고 영원 불변의 행복을 찾는 데 온 정성을 쏟아라. 여래의 유해를 수습하는 일은 독실한 재가 신자들이 맡아 줄 것이다."

'살아 있는 것은 모두 행복해라'

아난다는 북받치는 슬픔을 더 이상 억누를 수 없었다. 임종의 자리에서 벗어나 나뭇가지를 붙잡고 통곡하는 아난다를 부처님이 비구를 시켜 불렀다.

"아난다야, 인간은 누구나 사랑하는 사람과 이별하

는 순간을 피할 수 없다. 너는 오랫동안 지성으로 여래를 섬겨 왔다. 더한층 정진해 진리의 세계로 들어가라."

아난다는 지극정성으로 부처님을 모셨다. 수행 기간도 길었다. 수많은 제자가 아라한이 됐다. 하지만 부처님이 사바세계를 떠나는 순간까지도 그는 해탈의 경지에 이르지 못하고 있었다.

부처님은 아난다를 시내로 보내, 오늘 밤 여래가 적멸에 든다는 사실을 알리도록 했다. 모처럼 가까이 왔는데 작별 인사도 하지 않고 떠난다면 나중에 아쉬워할 게 틀림없었다.

말라 족 사람들은 처자권속까지 데리고 마지막 길을 배웅하러 사라나무 숲으로 달려왔다.

전염병이 극심하여 하루에 1백여 명씩 목숨을 잃을 때 바이살리로 급히 걸음을 옮긴 부처님이 질병을 다스리며 "행복하고 평안하고 안락하라"는 간절한 기도로 주민들 힘을 북돋아 주던 장면이 종일 아난다 뇌리를 맴돌았다. 제자들과 힘께 바리때에 물을 떠다 마을을 청소하자 하늘에서 비를 내려 부처님의 방역 작업을 돕던 광경이 엊그제 일처럼 생생했다.

> 살아 있는 것은 모두 다
> 행복해라! 평안해라! 안락해라!
> 약하거나 강하거나 여리거나 굳세거나
> 길거나 짧거나 굵거나 가늘거나 작거나 크거나
> 눈에 보이는 것이나 눈에 보이지 않는 것이나
> 머나먼 곳에 있는 것이나 가까이 있는 것이나
> 이미 태어난 것이나 앞으로 태어날 것이나
> 어떠한 생명, 어떠한 생물이든
> 살아 있는 모든 것은 부디
> 행복해라! 평안해라!
> 안락해라!

수바드라라는 늙은 수행자도 안타까운 소식을 들었다. 이번 기회를 놓치면 평생 품었던 의문을 영영 풀 수 없을 것이라는 생각에 조바심이 난 수바드라가 면담을 신청했다.

"세존께서는 많이 지치셨습니다."

아난다가 안내를 거절하자 두 번, 세 번 간청이 이어졌다. 두 사람의 대화를 들은 부처님이 노승을 불러 질문을 허락했다.

"고타마여, 세상에서 큰 이름을 얻은 몇 사람의 종교가는 과연 명성에 걸맞은 지혜를 깨우쳤을까요?"

"수바드라여, 그런 의심은 거두는 게 좋을 것이오. 그런 분별이나 의혹을 풀어주는 대신 그대에게 진리를 말하겠소. 귀 기울여 잘 들으시오."

"세존이시여, 어서 말씀해 주십시오. 기꺼이 듣겠습니다."

"수바드라여, 어떤 종교든 성스러운 가르침이 없다면 거기에는 바른 사문이 있을 수 없소. 불교에는 여덟 가지 바른길팔정도이 있고, 그 길을 처음 걸은 사문이 있소. 지금도 둘 째, 세 째, 네 째 사문들이 그 뒤를 잇고 있소. 여기 있는 비구들이 올바른 길을 걷고 있는 한, 이 세상에 아라한은 끊이지 않고 나올 것이오."

첫 째에서 네 째까지 — '네 종류의 사문사향사과 四向四果'이라 함은 수행의 단계에 따른 구분이다. 첫째는 흔들림 없는 깨우침을 얻어 성인의 길에 막 접어든 수다원, 둘째는 욕망은 대부분 끊었으나 번뇌를 완전히 해소하지 못해 생사를 한 번 더 되풀이해야 하는 사다함, 셋째는 의혹과 번뇌를 다 끊어 다시 태어나지 않고도 깨달음을 얻은 아나함, 네 째는 완벽한 지혜를 얻은 아라한.

부처님은 게송으로 마지막 제자를 위한 설법을 마쳤다.

> 수바드라여, 스물아홉 살 때
> 나는 착한 길을 찾아 집을 떠났소.
> 수바드라여, 그 시절이 벌써 오십 년이 넘었구려.
> 그동안 바른 법의 한 부분을 설명했을 뿐이지만
> 그것조차 일러준 사문이 어디에 또 있으리오.

'세상에 변하지 않는 것은 없다'

부처님의 가르침을 듣고 진리에 눈을 뜬 수바드라는 기쁨을 주체할 수 없었다. 노구를 일으켜 여러 차례 경배를 올리며 지금 당장 다시 출가할 테니 구족계를 받게 해 달라고 요청했다.

"수바드라여, 다른 종단에 속해 있던 사람이 출가하고 계를 받고자 할 때는 넉 달 동안 수련 기간을 거쳐야 하오."

"세존이시여, 나에게는 4년 동안의 의무 수련 기간을 부과해 주십시오."

부처님은 아난다를 불러 즉시 출가시키라고 분부했다. 연로한 수행자를 위한 특혜였다. 부처님의 마지막 제자가 된 수바드라는 밤낮으로 수행했다. "세존의 설법이 끝나자 곧 아라한이 된 수바드라는 부처님 바로 직전에 입적했다"며 최후의 순간을 극적으로 묘사한 경전도 있다.

부처님은 먼 길을 따라온 비구와 비구니들을 빙 둘러 함께 앉게 한 다음 한 사람 한 사람 눈을 맞추며 얼굴을 훑어보았다.

"부처든 법이든 종단이든 가르침이든 수행법이든, 의문이 있는 사람은 무엇이든 물어라."

납덩이처럼 무거운 침묵이 흘렀다.

"뒷날에 가서 '여래가 세상에 있을 때 물어봤더라면 좋았을 것'이라고 후회하지 않도록 자, 지금 이 자리에서 물어라."

부처님은 몇 번이고 질문을 재촉했지만 아무도 침묵을 깨는 이가 없었다. 열반의 현장까지 따라온 5백 명의 제자들은 한 치의 흔들림 없이 굳건한 믿음을 지닌 사람들이었다. 부처님이 마지막 설법을 위해 금구를 열었다.

"비구들이여, 우리 눈에 보이는 모든 현상은 변화한다. 눈에 보이지 않는 것도 끊임없이 변하고 있다. 여래가 설한 법은 진리의 세계로 건너가는 뗏목일 뿐이다. 작은 계율에 얽매이지 말고 자유롭게 사유해라. 그대들 맘속에서 지혜의 빛을 찾아라. 그리고 부디 잊지 마라. 나의 등불로 그대들의 앞날을 비추려 하지 마라. 그대들이 켠 등불로 자신을 비추고 세상을 비추도록 하라."

천지와 만물이 숨을 죽이고 부처님의 마지막 법어를 경청했다.

"돌이켜보라. 인간의 눈으로 보면 뱀 아가리에서 나오는 침이 독이지만, 독사에게는 제 몸을 지키는 힘이요 먹이를 얻는 도구 아니겠느냐. 종이에서 향내가 나고 비린내가 나는 게 종이 탓이냐, 비린내를 싫어하는 그대들 맘의 탓이냐. 바르게 보고 바르게 생각해라. 향을 찾아 온 산을 헤매지만 사향은 노루 몸에 있듯 그대들 맘속에 해탈의 문이 있다. 기쁜 맘으로 끊임없이 정진하고 나날이 새롭게 태어나라. 뱀이 묵은 허물을 벗어버리듯이…"

두 눈을 반쯤 감은 부처님이 마지막 선정에 들었다. 아니룻다 장자에게 아난다가 물었다.

"세존께서 벌써 열반에 드셨습니까?"

법회 중에 졸다가 부처님의 눈에 띈 아니룻다는 밤낮 눕지도 자지도 않는 용맹정진으로 시력을 잃었지만 하늘의 눈을 대신 얻은 수행의 고수. 부처님의 선정은 아난다도 알 수 없을 만큼 오묘한 삼매의 경지였다.

부처님이 무상과 무아의 삼매에서 나오자 하늘에서 천둥이 울리고 삼천대천세계가 진동을 했다.

성자의 맨발

스승이 열반에 들었다는 소식을 들었을 때, 마하카샤파는 5백 명의 도반들과 함께 마가다 백성들에서 자유롭고 행복하게 사는 석가모니의 말씀을 대신 전해주고 있었다. 깨달은 자 붓다의 신통력을 누구보다 잘 아는 그로서는 세존이 그토록 빨리 돌아간다는 것 자체가 억

울하기 그지없는 일이었다.

황망함과 비통함을 뒤로 하고 걸음을 서둘렀지만, 그가 도착했을 때는 벌써 열반한 지 이레 째. 다비식이 진행 중이었다.

말라 족 사람들은 전륜성왕의 예법에 따라 깨끗한 천과 햇솜으로 감싼 붓다의 유체를 향유가 가득 담긴 관에 넣고 나무 관으로 다시 싼 뒤 갖가지 꽃으로 장식하여 향나무 장작더미 위에 올려놓았다.

곧바로 목욕재계한 네 명의 말라 족 수장이 장작에 불을 붙이려고 했지만, 횃불에 불을 댕길 때마다 회오리바람이 불어 점화에 실패했다.

말라 족의 탑묘에 도착한 카샤파는 스승의 관에 가까이 다가가 한쪽 어깨에 옷을 걸치고 합장한 채 장작더미를 오른쪽으로 세 번 돌았다. 그리고 바닥에 무릎을 꿇고 아래쪽 관을 연 다음 세존의 두 발에 머리를 조아려 절을 했다.

카샤파가 석별의 인사를 드리자 화목에 불이 붙었다. 붓다와 같은 성자의 장례 의식을 치러 본 적이 없는 말라 족 지도자들에게 예법을 자문해 준 하늘의 신들이 석가모니의 수제자가 올 때까지 마지막 절차를 미루도록 신통을 부린 결과였다.

『장아함경』은 팔리 어 경전 『디가니까야』를 저본으로 삼은 번역본이지만, 마지막 장면은 중국 쪽 묘사가 훨씬 더 극적이고 상징적이다.

석가모니가 열반에 들었을 때, 대가섭은 계족산에서 홀로 수행하고 있었다. 그가 뒤늦게 달려왔을 때는 이미 입관이 끝나 장례를 치르려던 참이었다. 가섭이 석가모니의 관 앞에서 합장하는 순간, 석가모니의 두 발이 관 밖으로 툭, 불거져 나왔다.

『염송설화』의 기술은 더 구체적이다.

"부처님이 사라쌍수에서 열반에 드시고 이레가 지난 뒤 대가섭이 돌아와 관을 세 번 돌고 예배하니 부처님이 관 밖으로 두 발을 보이셨다. 이에 가섭이 예배를 올리자 대중들이 어리둥절하였다."

무려 5백 겹의 천과 솜으로 성체를 감싼 뒤 관 안에

넣고, 나무 관곽 槨으로 겉을 다시 싸서 안치했는데도 상수제자가 조문하자 석가모니가 몸소 두 발을 보였다는 뜻이니 종교의 세계나 드라마에서 흔히 보이는 극적 반전이 아닐 수 없다.

두 겹으로 된 나무 관 밖으로 두 발을 드러내 보였다는 '곽시쌍부槨示雙趺' 설화는 삼국시대 이래 한반도 승려들에게도 감동을 줘, 지금까지도 통도사를 비롯한 전국 주요 사찰의 벽면을 장식하는 그림으로 승화된다.

대전 인근, 충남 공주에 있는 동학사에는 부처님 일대기를 그린 벽화의 마지막 장면 — 사라쌍수와 곽시쌍부 그림 밑에 사제지간에 나눈 대화가 문답 형식으로 적혀 있다.

"세존이시여, 생과 사가 둘이 아니라고 말씀하시더니 이제 와서 왜 멸滅을 보이십니까?"

"나의 형상은 멸하지만 나의 가르침은 온 우주법계에 충만하여 항상 너희 곁에 있을 것이다."

'곽시쌍부槨示雙趺'는 오늘날까지 예술적 상상력을 자극하는 훌륭한 소재로 활용되고 있다. 국내만 해도 한승원 소설 『사람의 맨발』이나 문태준과 정호승 시인의 작품 「맨발」과 「발에 대한 묵상」의 모티브는 부처님이 마지막 내보인 두 개의 발이다.

20세기 들어 팔리 어 경전을 직접 우리말로 번역한 책들이 나온 뒤에 비로소 널리 알려진 사실이지만, 영취산에서 부처님이 '묘법연화경연화경 Lotus Sutra'을 설하기 전에 연꽃을 들자 가섭 혼자 빙긋이 웃었다는 '염화시중의 미소염화미소 拈華微笑'도 팔리 어 원전에는 보이지 않는다. 왜 그런 차이가 발생했을까.

종교의 특징 가운데 하나는 심벌이나 아이콘을 활용하여 신심을 함양하고 신앙을 고양하는 자기복제 기능이다. 경전에 대한 공부교종보다 선정을 통한 깨달음선종이 주류를 이룬 중국 불교계로서는 말이나 글을 통한 교훈보다 맘과 맘을 통하는 이심전심以心傳心의 다양한 사례가 절실하다. 대중을 설득할 수 있는 상징적인 영웅도 필요하다. 여러모로 마하가섭 같은 걸출한 제자야말로 스토리텔링에 가장 적합한 주인공이 아닐 수 없다.

일찍이 중국에서는 인도 현지의 경전에도 없는 내용을 번역 과정에서 삽입한 반면, 인도의 기록에는 석가모니의 정확한 탄생 연도나 탄생 일시도 보이지 않는다. 오래된 경전에는 탄생·출가·성도成道·열반이 모두 같은 날 — 베사카 달의 보름날이라고 기록돼 있다. 동남아시아에서는 이날 베사크 축제가 열린다.

음력으로 4월 초파일을 부처님 오신 날, 섣달 초파일을 성도절, 2월 보름을 열반절로 기리는 것은 한중일 불교계의 오랜 전통이다. 현장이 남긴 기록에는 "탄생과 성도는 둘 다 베사카 달의 후반 8일 또는 15일이고, 입적은 베사카 달 후반의 15일 또는 칼룻티카 달 후반의 8일이라는 설이 있다"고 적혀 있다.

인류 역사상 최초의 성인으로 추앙받는 석가모니가 사바세계에 강림한 날이나 붓다의 반열에 오른 날, 영원히 적멸에 든 날이, 정확한 날짜는 물론 연대조차 분명치 않다는 것은 이상한 일이 아닐 수 없다. 그러나 인도에서는 그런 일이 드문 현상은 아니다. 형식보다 내용, 현상보다 본질을 중시하는 인도의 사상가들은 전쟁이나 성자의 출현과 같은 역사적인 일을 연도 별로 정리하는 데 그다지 관심을 기울이지 않았다.

진리의 세계에서는 일상적인 시간과 장소에 대한 개념이 없다. 진리란 게 근본적으로 시공의 한계를 뛰어넘은 보편타당한 진실의 결정체이기 때문이다. "천겁의 세월이 흘러도 옛일이 아니요 일만 번 해가 바뀌어도 늘 지금 역천겁이불고 긍만세이장금 歷千劫而不古 亘萬歲而長今"과 다름없는 해탈의 경지에서 세속적인 날짜나 장소 따위가 무슨 대수랴.

불멸의 빛

고타마 싯다르타가 태어난 해는 지금까지도 여전히 불분명하다. 연호를 정확히 기록한 유럽의 역사서, 특히 마케도니아 대왕 알렉산드로스 기원전 356~323 가 인도를 침입했다 물러난 해, 그리고 그가 서거한 해를 기준으로 삼아 거꾸로 셈을 해야 겨우 짐작이 가능하다.

당대의 강국 그리스를 점령하고 동으로, 동으로 말을 달려 인도까지 손아귀에 넣었으나 결국은 빈손으로 세상을 떠난 정복자의 침공 기록을 기준으로 삼아야 맨발의 성자 싯다르타가 탄생한 해를 유추할 수 있다는 것은 역사의 아이러니다. 그것은 또 영웅이든 범부든, 영장이든 미물이든, 모든 중생들 삶의 진실한 이면이 새겨진 타산이석이요 반면교사가 아닐 수 없다.

세계불교연합회WFB는 남방불교의 전통에 근거해 붓다의 생존연대를 서기전 624~544년으로 정하고, 1956년 네팔 카트만두에서 열린 제4차 불교도대회에서 붓다 입멸 2,500주년 기념식을 거행했다.

1999년 유엔총회에서는 1998년 스리랑카에서 개최된 WFB의 건의를 받아들여 양력 5월 중 보름달이 뜬 날을 '붓다데이Buddha Day'로 선포하여 붓다의 탄생일로 기념하고 있다.

우리나라는 부처님이 열반한 기원전 544년을 탄생 연도로 채택하고 음력 4월 초파일을 부처님 오신 날로 축하하고 있다. 샤카의 태자로 세상에 처음 온 것보다 인류를 구원하는 최상의 지혜를 얻어 마침내 붓다가 된 것에 더 큰 의미를 두고, 열반별세한 해를 종교적인 탄생 연도로 삼은 것이다.

석가모니 공자 소크라테스 그리스도와 같은 성자들은 물론, 역사에 위대한 족적을 남긴 위인들이 추구한 인생은 결코 죽지 않고 영원히 사는 삶영생 永生이 아니다. 자연과 인간을 관통하는 진리의 발견이나 새로운 세계질서의 창조와 같은 무형의 가치가 그분들 삶에 더 큰 비중을 차지하기 때문이다.

석가모니와 공자 — 두 분의 동양 성인이 온 정성을 다해 생명 중심, 인간 중심의 사상을 펼쳤다면, 소크라테스와 그리스도는 목숨 걸고 낡은 정치체제에 도전하는 혁명적 삶을 선택했다. 불사신이 되고자 한 것이 아니라, 고통 받는 자들의 편에 서서 자유와 평등의 길을 제시함으로써 영원히 꺼지지 않는 불멸不滅의 빛이 되고자 한 것이다.

금강반야바라밀경

00 스승의 말·제자의 발

석가모니께서 열반하신 뒤 상수제자 마하카샤파가 진리에 눈뜬 500명의 아라한을 이끌고 라자그리하에 도착합니다. 성인의 가르침이 여러 갈래로 나뉘어져 논란이 일기 전에 금강석같이 굳건하고 다이아몬드같이 영롱한 지혜와 계율을 집대성하기 위해서였습니다.

석 달의 장마철을 활용하여 왕사성 석굴에서 열린 최초의 결집에 아난다는 초대를 받지 못했습니다. 20년 넘게 석가모니를 가장 가까이 모시며 수많은 설법을 들었지만, 아라한의 경지에는 이르지 못했기 때문입니다.

낭떠러지에서 한 발 더 내딛는 심정으로 이레 동안 밤낮없이 수행한 뒤 어렵사리 현장에 도착하니 마하카샤파는 옆 자리를 비워놓고 기다리고 있었습니다.

부처님 말씀을 암송하여 후대에 전하는 일은 더없이 감격스러우면서도 감당하기 어려운 짐이었을 것입니다. 도반들의 반응도 우호적이지 않았습니다. 수명을 자유자재로 늘일 수 있는 붓다를 너무 일찍 보내드렸다는 노골적인 질책에, 혈육의 정에 이끌려 여성들도 수행할 수 있도록 도량의 문을 열어준 것 아니냐는 의혹이 겹쳐 동굴 속 분위기는 무거웠습니다.

참회의 심정으로 두 손을 모으고 명상에 잠긴 아난다의 눈에 마하카샤파의 거친 발바닥이 들어왔습니다. 스승의 가르침을 널리 펼치다 뒤늦게 열반 소식을 듣고 서둘러 달려온 발이었습니다.

관을 붙들고 슬피 우는 늙은 제자를 위로하려고 석가모니가 관 밖으로 내밀었던 두 발이 카샤파의 발 위에 겹쳐졌습니다. 비단옷과 가죽신발을 마부에게 주고 왕궁을 떠난 뒤 마지막 눈을 감을 때까지 구도의 길, 제도의 험로를 헤쳐 온 성자의 맨발이었습니다.

'부처님의 진리는 말에 있지 않고 발에 담겨 있구나.'

무슨 말로 어떻게 가르침을 전해야 언어와 문화가 다르고, 시대와 나라가 다른 중생들도 지금 여기 모인 제자들과 똑같이 받아들이고, 믿고 의지하고, 손발을 움직여 진리를 실천할까. 한참을 고민하던 아난다 뇌리에 금강경 마지막 단락이 떠올랐습니다.

"중생이 모두 부처이니 늘 본래의 맘 그대로 자신 있게 연설해라."

'자애롭게도 부처님께서는 미욱한 제자에게 모든 해법을 주고 가셨구나.'

아난다의 눈에서 주루룩 굵은 눈물이 볼을 타고 흘러내렸습니다.

01 법회가 열리게 된 연유

이와 같이 나는 들었습니다.

부처님께서 오랫동안 수행을 같이한 비구 천이백오십 명과 함께 제타 태자의 숲속 아나타핀디카 정사에 계실 때의 일입니다.

이르지도 늦지도 않은 아침, 대중들이 식사할 때가 되자 세존께서는 가사를 차려입고 바리때를 들고 사오 킬로미터 떨어진 슈라바스티 성으로 들어가셨습니다.

제자들과 차례대로 일곱 집을 돌며 밥을 빌고 복을 빌어준 세존께서는 처소로 돌아오는 길에 가난한 이와 병든 이들에게 음식을 나누어준 뒤 나무 그늘에 앉아 진지를 드셨습니다.

세존께서 동냥하신 밥을 얻어먹은 새들과 사슴, 개미와 지렁이, 잉어와 붕어가 하늘과 땅, 땅 속과 물속에서 부처님의 공덕을 찬양했습니다.

하루 한 끼 공양을 마친 세존께서는 정사로 돌아와 바리때를 씻고 의복과 그릇을 가지런히 놓은 다음 양치를 하고 발을 닦으셨습니다.

자리를 깔고 앉으시자 비구들이 부처님 두 발에 머리를 조아리고 오른쪽으로 세 번 주위를 돌며 경의를 표한 뒤 조용히 반쯤 눈을 감고 가부좌를 틀었습니다.

02 장로 비구가 설법을 청함

깊은 선정에 드신 부처님 몸에서 찬란한 빛이 우러나왔습니다.

대중 가운데 있던 수부티가 자리에서 일어나며 오른쪽 어깨를 드러내고 오른 무릎을 꿇었습니다.

세존을 우러러 경건히 두 손 모아 합장한 채 덕 높고 나이도 많아 장로 대접을 받는 수부티가 다른 비구들을 대신하여 부처님께 여쭈었습니다.

"거룩하나이다, 세존이시여, 여래께서는 수행이 앞선 보살들을 잘 보살펴주시고 뒤따르는 보살들을 잘 부축해주십니다.

온 세상의 존경을 받는 성인이시여, 가장 높고 바른 지혜를 깨닫겠다고 결심한 선남자선여인은 어떻게 맘을 다스리고 어떻게 수행해야 큰 뜻을 이룰 수 있겠습니까?"

"훌륭하고 훌륭하다, 수부티여. 그대의 말과 같이 여래는 모든 보살을 잘 보살피고 모든 보살을 잘 부축해 준다.

잘 들어라, 지금 그대를 위해 설하리라. 아누다라삼먁삼보리를 깨닫고자 발심한 선남자선여인은 이와 같은 맘 가짐으로 이와 같이 수행해야 한다."

"알겠습니다, 세존이시여."

수부티는 즐거이 듣고자 하였습니다.

03 대중을 열반으로 이끄는 바른 종교

부처님께서 수부티에게 말씀하셨습니다.

“위로는 더없는 지혜를 구하고 아래로는 가없는 중생을 구하겠다고 서원한 보살들이여, 오래 전에 보살의 길로 접어들어 높은 공덕을 쌓은 마하살들이여, 그대들은 다음과 같이 맘의 항복을 받아야 한다.

‘알에서 깨어난 것이나, 태에서 태어난 것이나, 습지에서 생긴 것이나, 탈바꿈하여 목숨을 얻은 것이나, 형상이 있는 생물이나, 형상을 볼 수 없는 미생물이나, 생각이 있는 동물이나, 생각이 없는 식물이나, 생각이 있는 것도 아니고 없는 것도 아닌 미물과 같은 온갖 종류의 중생을 지극히 행복한 세상으로 안내하리라.

이와 같이 헤아릴 수 없을 만큼 많은 중생을 열반의 경지로 이끌어 모든 번뇌를 끊게 해주었더라도, 실제로 내가 더없이 안락한 행복과 평화의 세계로 이끌어 준 중생은 아무도 없다.'

왜 이런 맘을 가져야 하겠는가? 수부티여.

보살이 내가 이끌어 주었다는 생각, 사람을 이끌어 주었다는 생각, 중생을 이끌어 주었다는 생각, 영혼을 이끌어 주었다는 생각을 한다면, 그는 보살이라고 할 수 없기 때문이다."

04 베풀고도 맘에 담아두지 않음

"또 한 가지 수부티여, 보살은 누구에게 무엇을 주든 기쁜 맘으로 베풀어야 한다. 아무리 모양이 아름다워도 아낌없이 보시해야 한다. 아무리 소리가 좋고, 맛이 뛰어나고, 향기를 풍기고, 촉감이 부드럽고, 맘에 꼭 들어 애착이 가는 것이라도 머뭇거리지 말고 보시해야 한다.

수부티여, 보살은 이와 같이 보시를 하고서도 맘속에 보시를 했다는 생각조차 남기지 말아야 한다. 보살이 누구에게 무엇을 베푼다는 생각도 하지 않고 보시를 한다면, 그 복덕은 헤아릴 수 없이 크기 때문이다.

수부티여, 그대 생각은 어떠한가? 동쪽 하늘이 얼마

나 큰지 헤아릴 수 있겠는가?"

"없습니다, 세존이시여."

"수부티여, 남서북방, 그 사이사이, 위아래에 있는 하늘을 모두 헤아릴 수 있겠는가?"

"없습니다, 세존이시여."

"수부티여, 보살이 아낌없이 베풀고도 보시했다는 생각도 하지 않는다면, 그 복덕은 우주를 가득 수놓은 별처럼 많고도 크다. 수부티여, 그물이 걸리지 않는 바람처럼 보살은 아무런 집착 없이 나누고 베풀어야 한다. 허공에 발자국을 남기지 않는 새처럼 맘속에 베풀었다는 생각조차 없어야 한다."

05 여래의 참모습

“수부티여, 그대 생각은 어떠한가? 붓다에게만 나타나는 신체적 특징을 보았다면, 붓다를 보았다고 할 수 있는가?”

“아닙니다, 세존이시여. 부처님에게만 나타나는 특별한 형상을 가진 분을 보았더라도 부처님을 보았다고 할 수는 없습니다. 왜냐하면, 여래께서 말씀하신 신체적 특징은 겉모양일 뿐 여래의 참모습이 아니기 때문입니다.”

부처님께서 수부티에게 말씀하셨습니다.

“눈에 보이는 형상은 모두 다 헛된 것. 만약 갖가지 다양한 모습을 실상이 아니라 그림자와 다름없는 허상으로 본다면, 비로소 여래의 참모습을 보리라.”

06 참다운 믿음

수부티가 부처님께 여쭈었습니다.

"세존이시여, 중생을 모두 구하고도 구했다는 생각을 하지 말라 당부하시고, 온갖 것을 베풀고도 맘에 담아 두지 말라 이르시고, 부처님의 거룩한 신상身相마저 허상일 뿐이라고 가르치시니, 그와 같은 말씀을 듣고도 미래에 참다운 믿음을 갖는 중생이 있겠습니까?"

"그런 말 하지 마라. 여래가 열반에 들고 이천오백 년이 지난 뒤에도 계율을 지키고 복을 지은 사람들은 몇 마디 말을 듣고도 신심이 생겨 그러한 가르침을 실천할 것이다.

이러한 사람들은 한 부처님이나 두 부처님, 서너 다섯

부처님한테만 한량없는 공덕의 뿌리를 심은 게 아니라 천 부처님, 만 부처님이 계신 곳에서 중생을 내 몸같이 섬기며 온갖 선행을 닦았기 때문에 단 한 구절의 가르침을 듣거나 한 순간의 생각만으로도 청정한 믿음이 생긴다는 것을 알아야 한다.

수부티여, 여래는 붓다의 지혜로 다 알고 붓다의 눈으로 다 보나니, 이러한 중생들은 모두 한량없는 복과 덕을 받을 것이다. 왜 그런가?

이러한 중생들은 더 이상 내가 남보다 낫다는 아상, 인간이 미물보다 낫다는 인상, 움직이는 동물이 식물보다 낫다는 중생상, 수명이 남은 생물이 목숨이 다한 무생물보다 낫다는 수자상과 같은 자만심이나 우월감이 없기 때문이다. 진리는 불변이라는 법상이나, 진리는 없다는 비법상과 같은 선입견이나 편견도 가지고 있지 않다. 왜 그런가?

이러한 중생들도 맘속에 망상을 가지면, 아상 인상 중생상 수자상에 빠지게 되기 때문이다. 이것만이 진리라는 편견을 가져도 아상 인상 중생상 수자상에 빠지고, 진리는 없다는 선입견을 가져도 아상 인상 중생상 수자상에 빠지게 되기 때문이다.

진리에 집착해서도 안 되고, 진리가 아닌 것에 집착해서도 안 된다. 그런 뜻에서 여래가 늘 말하지 않느냐. 그대 비구들이여, 내가 설하는 법은 뗏목과 같다는 것을 잊지 말아라. 지혜를 깨달아 번뇌의 강을 건너면 진리도 버려야 하거늘, 하물며 진리도 아닌 것이랴!"

07 얻을 수도 없고, 설할 수도 없는 진리

"수부티여, 그대 생각은 어떠한가?
여래는 아누다라삼먁삼보리를 얻었는가?
여래가 진리라고 설한 법이 있는가?"

수부티가 말했습니다.

"부처님께서 말씀하신 뜻을 내가 이해하기로는, 최고의 지혜란 맘속에 나와 남을 구분하는 망상이 없고 깨달았다는 생각조차 없어야 도달하는 무아無我의 경지라 가장 높고 바른 깨달음이라 부를 만한 특별한 진리가 없습니다.

여래께서 특별히 진리라고 단정하여 설명해주신 법도 없습니다.

왜냐하면 여래께서 깨달으신 진리란 스스로 깨우치지 않는 한 다른 사람에게 얻을 수도 없고, 말로 설명할 수도 없으며, 아무나 진리라 할 수도 없고, 그렇다고 누구도 진리가 아니라고 부인할 수도 없기 때문입니다.

그런 까닭에 진리로 법을 삼는 성현은 모두 의도적인 말이나 일부러 꾸민 행동 없이 진리의 세계에서 진실 그 자체로 미묘한 차이를 보여주시는 것입니다."

08 깨달음의 어머니 금강경

"수부티여, 그대 생각은 어떠한가?

어떤 사람이 삼천 개의 은하계를 가득 채울 수 있을 만큼 많은 칠보를 세상에 두루 베푼다면, 이 사람이 얻는 복덕이 얼마나 많겠는가?"

"매우 많습니다, 세존이시여. 하오나 재물은 영원히 소유할 수 없으며, 복덕 또한 영구히 지속되지도 않습니다. 크나큰 보시를 하면 크나큰 복덕을 받을 것이라고 기대해서도 안 됩니다. 그러므로 부처님께서는 베풀고도 맘에 담아두지 않아야 복덕이 많다고 말씀하셨습니다."

"어떤 사람이 이 경전을 맘속으로 받아들이고 지성으로 따르거나 경전 중에 나오는 몇 구절이라도 다른 사람에게 설명해 준다면, 진리로 지은 복덕은 앞 사람이 재물로 지은 복덕보다 더 뛰어나다. 왜냐하면 수부티여, 세상의 모든 붓다와, 모든 붓다가 깨달은 가장 높고 바른 지혜는 다 이 경전에서 나왔기 때문이다.

수부티여, 지혜의 눈으로 경전의 속뜻을 깨우치지 않고 육안으로 경을 읽는 사람들이 '불법佛法 붓다의 가르침'이라고 부르는 것은 불법이 아니다."

09 진리를 깨달아도 깨달았다는 생각이 없음

"수부티여, 그대 생각은 어떠한가? 깨달음을 얻어 지혜의 문에 들어선 사람은 '나는 수다원과를 얻었다'고 생각하겠는가?"

"아닙니다, 세존이시여. 수다원은 '성자의 반열에 들어간 수행자'라는 뜻이지만 실제로는 들어간 곳이 없고, 형태든 소리든 향내든 맛이든 감촉이든 맘속의 그물이든, 그 무엇에도 걸림이 없어야 수다원이라고 할 수 있습니다."

"수부티여, 그대 생각은 어떠한가? 어떤 사람이 수행을 거듭하여 사다함이 되었다면 '나는 사다함과를 얻었다'고 생각하겠는가?"

"아닙니다, 세존이시여. 사다함은 이승을 떠난 뒤 '한 번 더 돌아올 수행자'라는 뜻이지만, 실제로는 가고 옴이 없는 것을 사다함이라고 이르기 때문입니다.

"수부티여, 그대 생각은 어떠한가? 어떤 사람의 수행이 결실을 맺어 아나함이 되었다면 '나는 아나함과를 얻었다'고 생각하겠는가?"

"아닙니다, 세존이시여. 아나함은 이승을 떠나면 다시는 사바로 '되돌아오지 않을 수행자'라는 뜻이지만, 돌아오지 않음조차 없는 것을 아나함이라 이르기 때문입니다."

"수부티여, 그대 생각은 어떠한가? 최고의 깨달음을 얻은 아라한은 '나는 드디어 아라한의 경지에 올랐다'고 생각하겠는가?"

"아닙니다, 세존이시여. 번뇌와 집착을 다 끊어 맘속에 거리낌이 없는 수행자를 아라한이라 하지만, 실제로는 아라한이라고 부를 만한 특정한 진리가 없기 때문입니다.

세존이시여, 아라한이 만일 아라한의 길에 도달했다고 생각한다면, 그는 곧 아상 인상 중생상 수자상에 빠진 것과 다름없습니다.

세존이시여, 부처님께서는 내가 '맘속에 다툼이 없어 평화를 얻은 수행자 가운데 가장 뛰어나고, 욕망을 여윈 아라한 가운데서도 제일'이라고 말씀하셨습니다. 그러나 나는 욕망을 여윈 아라한이라는 생각을 하지 않습니다.

세존이시여, 내가 만일 아라한의 지혜를 얻었다고 생각한다면, 세존께서는 '수부티는 맘속에 갈등이 없이 고요히 수행을 즐긴다. 수부티는 실제로 청정한 수행을 한다는 상념도 없으므로 수행을 즐긴다고 하는 것이다'라는 말씀도 하시지 않았을 것입니다."

10 부처님 세계를 장엄하게 꾸밈

부처님께서 말씀하셨습니다.

"수부티여, 그대 생각은 어떠한가?

여래가 옛날 옛적 디팡카라 부처님 처소에 있을 때 진리에 대해 새롭게 깨달음을 얻은 것이 있겠는가?"

"없습니다, 세존이시여. 온갖 중생은 본래부터 붓다가 될 수 있는 심성불성 佛性을 맘속에 간직하고 있을 뿐더러 여래께서는 여러 생에 걸쳐 붓다의 길을 걸으셨으므로 연등 부처님 처소에서 실제로 새로운 진리를 깨달으신 것이 없습니다."

"수부티여, 그대 생각은 어떠한가?
보살은 불국토佛國土를 장엄하는가?"

"아닙니다, 세존이시여. 모두가 평등한 불국토를 보살이 장엄하게 가꾼다하더라도 그것은 불국토를 실질적으로 장엄하는 것이 아니고 이름만 장엄하는 것입니다.

왜냐하면, 부처님 나라에는 부처님이나 보살이나 아직 깨우치지 못한 중생이나 아무런 차별이 없기 때문에 보살들도 나라를 장엄한다는 생각이 아예 없어야 하기 때문입니다."

"그러므로 수부티여, 큰 뜻을 품은 보살들은 모든 중

생을 붓다같이 대해야 한다. 형색에 따라 곱다거나 밉다는 맘을 가져서는 안 된다. 소리나 향내 맛 촉감 감정 같은 것에 홀려서 맘이 흔들려서도 안 된다. 그 무엇에도 한눈팔지 말고 본디 그대로 깨끗한 맘을 간직하여 청정한 생각을 해야 한다.

수부티여, 어떤 사람이 깨달음을 얻어 산들의 왕 수메루만큼 몸이 크다면, 그대 생각은 어떠한가? 그 몸집이 크다고 하겠는가?"

"매우 큽니다, 세존이시여. 부처님께서는 눈에 보이는 몸을 말씀하신 것이 아니라 깨달아서 위대해진 인물을 큰사람으로 비유하셨기 때문입니다."

11 진리를 전해주는 복

"수부티여, 세상에는 강가 강에 있는 모래의 숫자만큼 많은 강이 있다. 그대 생각은 어떠한가? 온 세상에 있는 모든 강의 모래는 얼마나 많겠는가?"

"대단히 많겠습니다, 세존이시여. 강가 강의 모래만 해도 헤아릴 수 없이 많사온데, 하물며 모든 강의 모래만큼 많은 강이 있다면, 수많은 강들의 모래야 이를 말씀이겠습니까?"

"수부티여, 내가 지금 실질적인 말을 그대에게 들려주겠다. 선남자와 선여인이 강가 강의 모래 숫자만큼 많은 삼천대천 은하계의 모든 별에 칠보를 가득 채워 보시한 다면, 그 복덕이 많겠는가?"

"매우 많습니다, 세존이시여."

"선남자선여인이 금강경을 맘속에 담아두고 항상 가르침을 지키는 복은 말할 것도 없고, 단지 네 구절의 게송만이라도 남을 위해 설명해 준다면, 그 복덕은 재물로 지은 어떠한 복덕보다도 뛰어나다.

재보로 쌓은 복덕의 탑은 언젠가 허물어지지만 진리로 쌓은 금자탑은 영원히 빛나기 때문이다."

12 올바른 가르침을 존중함

"또한 수부티여, 이 경을 처음부터 끝까지 설명하는 것은 말할 것도 없고 네 구절의 게송만 다른 사람에게 해설해주더라도 그곳에는 온갖 하늘의 신과 인간은 물론, 다투기 좋아하는 아수라까지 부처님 탑과 같이 공양을 올릴 것이다.

하물며 지성으로 이 경의 가르침을 받들어 맘속에 간직하고, 나와 남의 구분 없이 나누고 베풀며, 열의를 다해 읽으며 스스로를 돌아보고, 다른 사람도 가장 높고 바른 지혜를 알도록 큰소리로 외워주는 사람이랴.

수부티여, 그대는 알아야 한다. 그 사람은 가장 높고 경이로운 진리를 터득할 것이다. 경전의 뜻을 올바로 이해하면 행동이 반듯해지고, 중생을 똑같이 대하면 그것이 곧 붓다의 맘이라 이 경전이 있는 곳이라면 어디든지 붓다가 있고 존경 받는 제자들이 있는 것과 다름이 없다."

13 가르침대로 실천하는 법

부처님의 현묘한 설법을 듣고 수부티가 여쭈었습니다.

"세존이시여, 지금 설하시는 법문을 무엇이라 부르고, 우리는 이 경전을 어떻게 받들고 따르면 완벽한 지혜를 터득할 수 있겠습니까?"

"이 경전은 금강석같이 빛나는 지혜로 번뇌의 강을 건네주는 금강반야바라밀이다. 그대들은 이 이름으로 받들고 간직해야 한다. 하지만 수부티여, 최상의 지혜는 말로 설명할 수 없고 이름에 그 의미가 들어 있지도 않으므로 붓다가 반야바라밀이라고 말한 것은 반야바라밀의 실체가 아니고 이름만 반야바라밀이다. 이름이나 문구에 얽매이지 마라.

수부티여, 그대 생각은 어떠한가? 여래가 설한 법이 있는가?"

"아닙니다, 세존이시여. 여래께서는 어두운 밤에는 불을 밝혀주시고, 아픈 이에게는 약을 지어주시며, 지혜를 찾는 이에게는 길을 가리켜주십니다. 등불과 같고 양약과 같고 이정표와 같은 부처님 설법은, 달을 보려면 손가락에 얽매이지 않아야 하듯, 목적지에 도달하면 잊어야 하므로 진리라고 집착해야 할 설법이 없습니다.

"수부티여, 그대 생각은 어떠한가? 우주에는 3천 개의 대천세계가 있다. 그러니 우주에는 티끌같이 보이는 별이 얼마나 많겠는가?"

"매우 많겠습니다, 세존이시여."

"별도 한번 태어나면 언젠가는 사라지기 마련이다. 지금 티끌같이 보이는 별들은 이름만 같을 뿐 모두 다른 형상이다. 비슷한 모양의 별이라도 시시각각 형태가 달라진다. 겁이라는 시간으로 보면 거대한 우주도 생장과 소멸을 벗어날 수 없다.

수부티여, 티끌 같은 별들을 여래는 티끌이 아니고 이름만 티끌이라고 설한다. 여래가 설한 삼천대천세계도 세계의 실체가 아니고 이름만 세계일 뿐이다.

수부티여, 그대 생각은 어떠한가? 서른두 가지 형상을 보았다면 여래를 보았다고 할 수 있는가?"

"아닙니다, 세존이시여. 서른두 가지 특별한 형태를

본 것만으로는 여래를 보았다고 할 수 없습니다. 여래께서 말씀하신 서른두 가지 특징은 부처님의 진면목이 아니라 서른두 가지 겉모습이기 때문입니다."

"수부티여, 선남자선여인이 강가 강의 모래 숫자만큼 신명을 다해 보시한다고 하자. 어떤 사람은 이 경전의 가르침을 맘속에 간직하여 말과 행동으로 지키고, 그 가운데 네 구절의 게송만이라도 다른 사람에게 가르쳐준다고 하자.

중생의 목숨은 그 무엇보다 존귀하나, 완벽한 행복으로 가는 길을 가르쳐주는 사람이 짓는 공덕은 그보다도 가치가 크다."

14 나라는 생각을 버려 무아의 경지에 다다름

설법을 자주 듣지 못하는 일반인들도 이해할 수 있도록 표현을 바꾸어가며 쉽게 일러주시는 부처님의 자애와 미물도 붓다로 대하라는 배려에 감동한 수부티가 눈물을 닦으며 말을 이었습니다.

"거룩하나이다, 세존이시여. 이토록 심오한 경전을 대중들도 해득할 수 있게 설해주시다니 경이롭습니다, 부처님이시여. 일찍이 혜안을 얻은 나로서도 이토록 높고 이토록 깊은 경전은 들어본 적이 없습니다.

세존이시여, 어떤 사람이 지금 설해주시는 경을 듣고 신심이 더 맑고 깨끗해진다면, 그 사람은 모든 만물의 참모습을 볼 수 있을 것입니다. 그 사람은 완벽한 지혜를 얻어 가장 높은 경지에 오를 것임을 알겠습니다.

하오나 세존이시여, 궁극적인 참모습이라는 것도 실은 궁극적인 참모습이 아닙니다. 어느 것이 허상이 아니라 실상이라는 관념을 가지는 순간, 그것은 망상이 되고 말기 때문입니다. 그러므로 실상은 실상이 아니라 이름만 실상이라고 여래께서 설하셨습니다.

세존이시여, 이와 같이 어려운 경전도 지금 이 자리에서 부처님께 직접 들으니 믿고 이해하고 받아들이고 지키는 것이 어렵지 않습니다.

하오나 이천오백여 년 지난 먼 미래에도 이 경을 듣고서 그대로 믿고 이해하고 받아들이고 지키는 중생이 있다면, 그는 가장 드물고 경이로운 사람이 아닐 수 없습니다."

"왜 그런가?"

"그 사람은 나와 남은 다르다는 생각, 사람과 미물은 다르다는 생각, 동물은 식물과 다르다는 생각, 생물은 무생물과 다르다는 생각이 없기 때문입니다.

그런 까닭에 남들보다도 나를 더 중요하게 여기는 아상은 바른 생각이 아닙니다. 행색에 따라 사람들을 구분하는 인상, 형상에 따라 생명을 가진 것들을 차별하는 중생상, 수명이 남아 있다고 목숨이 다한 것들을 함부로 다루는 수자상 또한 바른 견해가 아닙니다.

"왜 그런가?"

"의식과 무의식 세계에서 선입견과 고정관념을 버리는

것은 그만큼 힘든 일입니다, 아상 인상 중생상 수자상과 같은 일체의 허상과 망상을 떠난 사람은 누구나 부처님이라고 불리는 것은 그 때문입니다."

"그렇다. 바로 그렇다. 어떤 이가 이 경을 듣고도 놀라거나 쩔쩔매거나 받아들이기를 꺼리지 않는다면, 그것만으로도 그는 매우 드문 사람이라는 것을 알아야 한다.

왜 그런가, 수부티여. 열반의 강을 건너는 데 으뜸으로 손꼽는 바라밀도 실천하지 않으면 으뜸 바라밀이 아니고 이름만 으뜸 바라밀이요, 실천하더라도 맘속에 여전히 나와 남이 따로 존재한다면 이름만 으뜸 바라밀이기 때문이다.

수부티여, 진실로 나와 남을 구별하지 않는다면, 참기

어려운 고통을 참아내는 인욕바라밀도 굳이 인욕바라밀이라고 내세울 것도 없다.

왜냐하면 수부티여, 내가 숲에서 수행하고 있던 오래 전 전생의 어느 날, 칼리라는 임금이 궁녀들과 봄놀이를 온 적이 있다. 그가 잠깐 낮잠이 든 사이 내 둘레에 궁녀들이 몰려든 것을 보고 화를 참지 못한 임금은 내 몸을 마디마디 잘랐다.

그때에도 나에게는 그와 내가 다르다는 생각이 일지 않았고, 선인과 악인이 다르다는 생각이 일지 않았고, 수행자와 중생이 다르다는 생각이 일지 않았고, 삶과 죽음이 다르다는 생각이 일지 않았다. 그 당시 내 맘속에 아상 인상 중생상 수자상이 있었다면, 나 또한 성내고 원망하지 않았겠느냐.

수부티여, 더 먼 과거를 되돌아보면 신선의 몸으로 오백 번 생을 거듭하며 인욕바라밀을 닦던 선인 시절에도 나에게는 아상이 없고, 인상이 없고, 중생상이 없고, 수자상이 없었다.

그러므로 수부티여, 보살은 모든 상을 버리고 가장 높은 지혜로 모든 중생을 행복으로 이끌겠다는 아누다라삼먁삼보리 맘을 먹어야 한다.

아름다운 모습에 맘을 빼앗기지 마라. 듣기 좋은 소리든 향내든 맛이든 촉감이든 맘속의 그물이든, 그 무엇에도 걸리지 마라. 아무것에도 맘을 주지 말고 자유롭게 생각해라.

맘속에 집착의 끈이 남아 있다면 그것은 바른 수행이 아니다. 그러므로 붓다는 보살에게 형태나 대상에 매이지 말고 즐거운 맘으로 나누고 베풀라고 말하는 것이다.

수부티여, 보살은 모든 중생의 이익을 위해 응당 기쁘게 보시해야 한다. 여래가 이르노니, 아무리 보배롭게 여겨져도 눈에 보이는 형상은 모두 허상이다.

아울러 이르노니, 모든 중생은 중생이 아니다. 아무리 겉모습이 달리 보여도 맘속에는 다들 붓다가 될 수 있는 성품을 가지고 있기 때문이다.

수부티여, 여래는 바른 말을 하고, 참된 말을 하고, 맞는 말을 하고, 솔직하게 말을 하고, 다른 말을 하지 않는 사람이다.

수부티여, 여래가 얻은 진리란 늘 진실하다고 집착할

것도 없지만 공허해 보인다고 텅 빈 것이 아니다.

수부티여, 보살이 대상에 집착하여 보시하는 것은 마치 사람이 어둠 속에 들어가면 아무것도 볼 수 없는 것과 같다.

보살이 대상에 집착하는 맘 없이 보시하는 것은 마치 눈을 가진 사람에게 햇빛이 밝게 비치면 갖가지 모양을 다 볼 수 있는 것과 같다.

수부티여, 미래에도 선남선녀가 이 경전을 받고 지니고 읽고 외운다면, 여래는 곧 붓다의 지혜로 이 사람들이 한량없는 공과 가없는 덕을 성취하는 것을 다 알고, 다 볼 수 있다."

15 가르침을 지키는 공덕

"수부티여, 선남선녀가 아침마다 강가 강의 모래만큼 몸을 보시하고, 점심나절에도 강가 강의 모래만큼 몸을 거듭 보시하고, 저녁나절에 또 강가 강의 모래만큼 몸 바쳐 보시하기를 백 천 만 억 겁, 무궁한 세월 동안 한량없이 계속한다고 하자.

다른 사람은 금강경을 듣고도 거스르는 맘이 없이 있는 그대로 믿어 신심이 더욱 깊어진다고 하자. 그러면 맘을 다해 믿는 공덕은 몸으로 지은 복덕보다 더 뛰어나다.

하물며 경전을 써서 참뜻을 실천하고, 베껴서 경전을 널리 퍼뜨리며, 가르침을 맘속으로 받아들여 나눔과 베품을 즐기고, 모두가 행복한 세상을 만드는 법을 읽고 외워 깨달은 지혜를 남들에게 쉽게 해설해주는 공덕이랴.

수부티여, 한마디로 요약하면 금강경은 높이를 짐작할 수 없고, 무게를 잴 수 없으며, 끝이 보이지 않는 공덕을 가지고 있다.

여래는 최고의 지혜를 얻고자 하는 보살들을 위하여 이 경을 설하며, 모든 중생을 영원한 행복으로 이끌겠다고 다짐한 보살들을 위하여 이 경을 설한다.

뜻한 사람이 있어 이 경을 받고 지니고 읽고 외워 널리 다른 이들을 위해 설명해준다면, 여래는 이 사람이 헤아릴 수 없고, 가늠할 수 없으며, 끝이 없고, 상상할 수도 없는 공덕을 성취하는 것을 다 알고 다 볼 수 있다.

이들이야말로 여래가 깨달은 아누다라삼먁삼보리를 이어받아 세상에 두루 지혜를 나누어줄 사람들이다.

왜냐하면 수부티여, 자기 혼자 붓다가 되겠다는 사람은 아견 인견 중생견 수자견을 벗어던지기 어려워 이 경의 가르침을 기꺼이 듣고 받고 읽고 외우고 남을 위해 설명해 주는 것을 즐기지 않기 때문이다.

수부티여, 이 경전을 배우고 가르치고 실천하는 곳이라면 어디든지 모든 세상의 천신과 인간과 아수라가 마땅히 공양할 것이다.

그곳은 불탑과 같이 모두가 공경하는 성지가 되리니, 천인과 아수라가 주위를 돌며 경의를 표하고 꽃과 향을 뿌리며 받들 것이다."

16 전생에 지은 잘못을 깨끗이 씻어냄

"아울러 수부티여, 선남선녀가 이 경전을 받고 지니고 읽고 외우는데도 남이 가볍게 보고 쉽게 대한다면, 전생에 지은 죄업 때문이다.

현생에서 남의 천대와 모욕을 참고 견디면, 그 덕으로 과거의 잘못이 곧바로 없어지고 아누다라삼먁삼보리를 얻게 될 것이다.

수부티여, 디팡카라 부처님 처소에서 수행하기 전에도 나는 헤아릴 수 없이 긴 아승기 겁 세월 동안 팔백사천만억 나유타에 이르는 엄청난 숫자의 부처님을 공양하고 받들고 섬겼다. 그 많은 부처님 가운데 단 한 분도 소홀히 모시거나 거른 적이 없다.

만약 어떤 사람이 바른 법이 쇠퇴한 미래에도 이 경전을 받들고 의지하고 읽고 외운다면, 지난날 내가 모든 부처님을 공양한 공덕을 다 합쳐도 그가 얻을 공덕의 백의 하나에도 미치지 못한다. 천의 하나, 만의 하나, 억의 하나에도 미치지 못한다. 어떤 숫자, 어떤 비유로도 미치지 못한다.

수부티여, 나중에 다가올 말세에도 이 경을 수지하고 독송하는 선남선녀가 얻을 공덕을 구체적으로 설명할 때 금강경을 모르는 사람이 그 말을 듣는다면 맘이 어지러워져 여우같이 의심하고 믿지 못할 것이다.

수부티여, 그대는 알아야 한다. 이 경은 그 뜻이 불가사의하고, 결실 또한 불가사의하다."

17 궁극의 경지에는 나라는 존재가 없음

천지사방에 뻗친 광명을 보고 하늘나라에서 천신과 아수라가 내려왔습니다. 멀고 가까운 곳에서 남녀 수도승과 신도들도 몰려왔습니다. 여래를 모시고 뒤늦게 도착한 청중이 앉아 있는 곳으로 자리를 옮긴 수부티가 부처님께 처음 여쭈었던 질문을 다시 드렸습니다.

"세존이시여, 신심이 깊고 복을 많이 지은 선남자선여인이 부처님처럼 가장 높고 바른 지혜를 구하겠다고 뜻을 세우면 어떻게 수행을 하고, 어떻게 그 맘을 다스려야 하겠습니까?"

"아누다라삼먁삼보리를 구하겠다고 발심한 선남선녀라면, 응당 이러한 맘이 생길 것이다. '나는 모든 중생을 번뇌가 없는 세상, 더불어 행복하게 사는 열반의 세계로

이끌겠다.'

하지만 모든 중생이 생사의 고통을 떠나 더없는 행복을 얻었더라도 실제로 보살이 구제해 준 중생은 아무도 없다.

왜 그런가, 수부티여? 보살이 여러 중생을 나와 다른 존재로 생각하는 아상, 사람들을 모두 구할 수 있다고 생각하는 인상, 중생을 모두 구할 수 있다고 생각하는 중생상, 오래 살면 저절로 열반에 이를 수 있다고 생각하는 수자상이 조금이라도 맘속에 남아있다면, 그는 보살이라고 할 수 없기 때문이다.

수부티여, 그것은 무슨 까닭인가? 아상 인상 중생상 수자상과 같은 망상이 없어야 아누다라삼먁삼보리에 이를 수 있다. 가장 높고 바른 지혜에는 일체의 분별이나 차별이 없기 때문이다.

수부티여, 그대는 어떻게 생각하는가? 여래가 연등 부처님 처소에서 수행하면서 아누다라삼먁삼보리를 얻었는가?"

"아닙니다, 세존이시여. 부처님께서 말씀하신 뜻을 내가 이해하기로는, 부처님께서 연등 부처님 처소에 계실 때 가장 높고 바른 깨달음을 통해 얻은 진리가 없습니다."

"그렇다, 그렇다. 수부티여. 실제로 여래는 아누다라삼먁삼보리라고 불릴 만한 특별한 진리를 얻은 것이 없다. 수부티여, 여래가 아누다라삼먁삼보리라는 것을 얻고 그것을 맘속에 새겨두었다면, 연등불께서 '그대는 미래세상에서 반드시 석가모니라는 이름의 부처가 될 것이다'라고 예언하지 않으셨을 것이다.

실제로 아누라다삼먁삼보리라는 깨달음을 통해 얻은 특정한 진리가 없으므로 연등불께서 '그대는 내세에 반드시 부처가 되어 석가모니라고 불릴 것이다'라는 수기授記를 나에게 주셨다.

여래란 모든 진리에 막힘없이 통하여 삼라만상의 진정한 본성을 자유자재로 아우르기 때문이다.

사람들이 여래는 아누다라삼먁삼보리를 얻었다고 말한다면, 수부티여, 실제로 무슨 특이한 비법이 있어서 부처가 아누다라삼먁삼보리를 얻은 것이 아니다.

수부티여, 여래가 깨달은 아누다라삼먁삼보리라는 지혜의 세계에는 나도 없고 너도 없고, 중생도 없고 붓다도 없다. 진실도 없고 거짓도 없어 가득 찬 것도, 텅 빈 것도 아니다. 그러므로 여래는 '세상의 모든 진리가 부처의 가르침'이라고 설하는 것이다.

그러나 수부티여, 세상의 모든 진리가 부처의 가르침이라고 설하지만, 진리라는 개념에 얽매여서는 안 된다. 법이나 진리라는 생각 또한 고정관념이므로 내가 설한 모든 법이란 이름만 모든 법일 뿐, 말 그대로 모든 법을 의미하는 것이 아니다.

수부티여, 사람으로 비유하자면, 몸집이 매우 큰 것과 같다."

수부티가 말했습니다.

“세존이시여, 무상보리를 깨달은 사람은 몸이 장대하다고 여래께서 말씀하신 것은, 실제로 진리를 깨달으면 몸집이 커진다는 것이 아니라 일체 중생을 맘속에 품었으므로 산과 같이 커 보인다는 뜻입니다.”

“수부티여, 보살도 마찬가지다. ‘나는 반드시 한량없는 중생을 행복하게 하리라’는 말을 한다면, 그는 보살이라 할 수 없다. 보살과 중생이 다르지 않은데, 보살이 중생을 고통에서 구해주겠다고 한다면 그게 바로 망상 아니겠느냐.

왜냐하면 수부티여, 특정한 법에 집착하지 않아야 보살이라고 부를 수 있기 때문이다. 그러므로 모든 진리에는 나도 없고, 남도 없고, 중생도 없고, 보살도 없다고 부처가 말하는 것이다.

수부티여, 만약 보살이 '내가 마땅히 부처님 나라를 아름답게 만들겠다'고 한다면 그 또한 보살이 아니다.

왜 그런가. 금은보화로 삼천대천세계에 도량을 짓는 것보다 모든 중생을 부처와 똑같이 섬기는 것이 보살이 가야 할 길이므로 '불국토를 장엄한다'는 것은 실제로 불국토를 장엄하게 꾸미는 것이 아니라 이름만 불국토를 장엄하는 것이라고 여래는 설하는 것이다.

수부티여, 온 세상 만물은 늘 변하므로 현실세계에는 영원한 자아도, 불변의 진리도 없다는 가르침에 통달한 보살이 있다면, 여래는 그를 일러 참다운 보살이라 부르리라.

18 모든 것을 차별 없이 똑같이 봄

"수부티여, 그대 생각은 어떠한가?

여래에게 육안이 있는가?"

"그렇습니다, 세존이시여. 여래에게는 사바세계를 두루 살펴보시는 육체의 눈이 있습니다."

"수부티여, 그대 생각은 어떠한가?

여래에게 천안이 있는가?"

"그렇습니다, 세존이시여. 여래에게는 우주를 꿰뚫어 보시는 하늘의 눈이 있습니다."

"수부티여, 그대 생각은 어떠한가?

여래에게 혜안이 있는가?"

"그렇습니다, 세존이시여. 여래에게는 만물의 실상을 직관하시는 지혜의 눈이 있습니다."

"수부티여, 그대 생각은 어떠한가?

여래에게 법안이 있는가?"

"그렇습니다, 세존이시여, 여래에게는 중생에게 바른 길을 보여주시는 진리의 눈이 있습니다."

"수부티여, 그대 생각은 어떠한가?

여래에게 불안佛眼이 있는가?"

"그렇습니다, 세존이시여. 여래에게는 온 세상을 자비로 감싸 안으시는 붓다의 눈이 있습니다."

"수부티여, 그대 생각은 어떠한가?

부처는 강가 강의 모래에 대해 설했는가?"

"그렇습니다, 세존이시여. 여래께서는 강가의 모래를 육안으로 보시고 강가 강변의 모래에 대해 설명해주셨습니다.”

“수부티여, 그대 생각은 어떠한가? 강가 강의 모래 숫자만큼 많은 강이 있고, 모든 강의 모래 숫자만큼 붓다의 세계가 있다면 그 세계는 얼마나 많겠는가?”

“천안으로 사바세계의 모든 강을 살펴보시고 혜안으로 온갖 중생은 불성을 갖추고 있음을 보신 부처님께서 법안으로 모든 강의 모래 숫자만큼 많은 부처님 세계가 있다고 하셨으니, 각양각색의 중생들이 사바세계에 각자 이룩한 부처님 세계는 헤아릴 수 없이 많겠습니다, 세존이시여.”

부처님께서 수부티에게 말씀하셨습니다.

"불안으로 보면 불국토에 있는 여러 종류의 중생들이 각기 다른 맘을 가지고 있다는 것을 여래는 다 알 수 있다. 왜 그런가? 모든 중생은 여래와 똑같은 눈, 붓다와 똑같은 맘을 가지고 있는데, 욕심과 번뇌가 지혜의 눈을 가리고 있어 각자의 맘은 청정무구한 본맘이 아니라 이름만 맘일 뿐이기 때문이다.

그런 까닭에 수부티여, 붓다의 눈에 비친 중생들은 지난날을 후회하고 오지 않는 날을 걱정하느라 찰나에 지나가는 지금 이 순간을 흘려보내고 있구나.

그런 까닭에 수부티여, 과거의 맘도 얻지 못하고, 현재의 맘도 얻지 못하고, 미래의 맘도 얻을 수 없어 저렇게 방황하고 있구나."

19 진실한 복덕

"수부티여, 그대 생각은 어떠한가? 어떤 사람이 일곱 가지 보배로 삼천 개의 은하계를 가득 채울 만큼 보시를 한다면, 그 인연으로 그 사람이 짓는 복덕이 많지 않겠는가?"

"그렇습니다, 세존이시여, 그 사람은 그 인연으로 얻는 복덕이 매우 많을 것입니다."

"수부티여, 재물로 짓는 복덕이 실체가 있고 영원히 지속되는 것이라면, 여래는 구태여 그 복덕이 많다고 하지 않았을 것이다.

물질로 지은 복덕은 세월이 지나면 사라지지만 보시를 하고도 복을 지었다는 생각조차 없다면 그 사람은 깨달음이 무상無常의 경지에 이르렀기 때문에 여래는 그 때 비로소 복덕을 많이 지었다고 말하는 것이다."

20 여래라는 고정관념을 버림

"수부티여, 그대 생각은 어떠한가? 부처에게만 나타나는 여든 가지 신체적 특징을 두루 갖추었다고 여래라고 볼 수 있는가?"

"아닙니다, 세존이시여. 부처님 특유의 신체적 특징을 갖추었다고 해서 여래라고 볼 수는 없습니다. 여래께서 말씀하신 신체적 특징이란 부처님의 진면목이 아니라 이름만 신체적 특징이기 때문입니다."

"수부티여, 그대 생각은 어떠한가? 서른두 가지 특별한 신체적 형상을 갖추었다고 여래라고 볼 수 있는가?"

"아닙니다, 세존이시여. 특별한 형상을 모두 갖추었다고 여래라고 볼 수는 없습니다. 여래께서 말씀하신 모든 형상이란 진리의 본체이신 부처님의 실상이 아니라 이름만 모든 형상을 갖춘 허상이기 때문입니다."

21 말로는 설명할 수 없는 법

"수부티여, 그대는 여래가 이런 생각을 할 것이라고 말하지 마라. '나는 응당 설명해줄 진리가 있다.' 그런 생각을 맘속에 두지도 마라.

어떤 사람이 '여래는 진리를 가르친다'고 말한다면, 그는 내가 설한 법의 참뜻을 이해하지 못하고 부처를 비방하는 것과 다름없다.

수부티여, 설법이란 말로는 가르쳐줄 수 없는 진리를 다양한 예를 들어 비유하고 알기 쉽게 설명하는 것을 일컫는 것이다. 여래는 부처가 될 씨앗에 물을 주고 불성의 심지에 불을 댕겨주지만 '내' 안의 '나'를 깨우고 '내' 안의 본성을 깨우치는 것은 그대들이기 때문이다."

아직도 여전히 부처님의 지혜와 가르침을 곧이곧대로 후세에 전해주고 싶어 하는 제자들을 대신하여 현명한 수부티가 여쭈었습니다.

"세존이시여, 부처님께서 설하신 법이 없다고 말씀하시면, 미래에도 많은 중생들이 그러한 가르침을 듣고 믿는 맘이 생기겠습니까?"

"수부티여, 그들은 그대가 염려하는 그런 어리석은 중생이 아니다. 그렇다고 아직 중생이 아닌 것도 아니다.

왜냐하면 수부티여, '중생, 중생'이라고 쉽게 부르지만 그들은 미처 깨우치지 못했을 뿐 스스로 부처가 될 심성자성 自性을 가진 미래의 부처님이기 때문이다."

22 더 이상 얻을 것이 없는 지혜

아직도 여전히 제대로 이해하지 못한 청중들을 위해 수부티가 부처님께 여쭈었습니다.

"세존이시여, 부처님께서는 아누다라삼먁삼보리를 얻으시고도 진정으로 얻으신 것이 없습니까?"

"그렇다, 그렇다. 수부티여, 가장 높고 바른 깨달음에는 선과 악이 없고, 번뇌와 보리가 없고, 부처와 중생이 없는데 하물며 가르치고 배우고, 가지고 버리고, 얻고 잃음이 있겠느냐.

나는 아누다라삼먁삼보리뿐 아니라 조그마한 진리조차 얻은 것이 없다. 이런 올바른 지혜를 아누다라삼먁삼보리라고 하는 것이다."

23 깨끗한 맘으로 착한 일을 함

"아울러 수부티여, 진리 앞에는 누구나 평등하여 높고 낮음이 없다. 누구나 차별이 없고 아무것도 분별하지 않는 지혜를 아누다라삼먁삼보리라고 일컫는다.

나라는 생각, 인간이라는 생각, 중생이라는 생각, 생명이 있다는 생각을 버리고, 보시 지계 인욕 정진 선정 지혜와 같은 온갖 착한 수행법선법 善法을 갈고 닦으면 누구나 아누다라삼먁삼보리를 얻을 수 있다.

수부티여, 아누다라삼먁삼보리를 얻으면 곧바로 지극히 행복한 세상으로 들어서지만, 열반이라는 경지에도, 착한 법이라는 용어에도 집착하거나 얽매여서는 안 된다.

수부티여, 선법이라는 것조차 실질적인 선법이 아니라 이름만 선법이라고 여래가 설하는 것은 바로 그 때문이다."

24 복덕과 지혜는 비교할 수 없음

"수부티여, 삼천대천세계에 있는 산들의 왕 수메루만큼 높게 일곱 가지 보석을 쌓아놓고 그것을 널리 보시하는 사람이 있다고 하자.

다른 사람은 지혜의 경전 금강반야바라밀이나, 아니면 이 경전 가운데 네 구절만이라도 받고 지키고 읽고 외워 남에게 설명해 준다고 하자.

재물로 지은 앞의 복덕은 지혜로 지은 공덕에 비해 백분의 일, 천분의 일, 만분의 일, 억분의 일에도 미치지 못한다. 어떤 셈이나, 어떤 비유로도 미치지 못한다."

25 길을 다 가르쳐주고도 가르쳐준 게 없음

"수부티여, 그대 생각은 어떠한가. '여래는 당연히 중생들을 고통에서 구해줄 것'이라고 그대들은 말하지 마라. 수부티여, 그런 생각은 아예 하지도 마라.

왜 그런가.

실질적으로 열반을 얻도록 여래가 이끌어준 중생이 단 하나도 없기 때문이다.

만약에 여래가 열반에 이르도록 이끌어준 중생이 있다고 생각한다면, 그것은 바로 여래의 맘속에도 붓다는 사람이나 중생이나 영혼이 있는 생명들과는 다른 존재라는 생각이 남아 있다는 뜻 아니겠느냐.

수부티여, 하늘 위 하늘 아래 '나'라는 존재는 가장 존귀하지만 '나'라는 존재와 '나' 아닌 모든 존재는 조금도 다르지 않은데, 범부들은 '내'가 다른 생명들보다 우월하다고 생각하고 영원히 사라지지 않을 것처럼 행동한다.

수부티여, 지금 여래가 말한 '범부'라는 사람들도 스스로 붓다와 다르지 않다는 것을 자각하고 '나'와 '남'이 똑같다고 인식하는 순간 무명의 구름에서 벗어나므로 실질적으로는 범부가 아니다.

26 소리나 모습으로는 여래를 볼 수 없음

"수부티여, 그대 생각은 어떠한가?

붓다에게 나타나는 서른두 가지 형상을 관찰했다면, 여래를 보았다고 할 수 있는가?"

"그렇습니다, 그렇습니다. 세존이시여, 부처님 몸에만 나타나는 서른두 가지 특별한 형상을 주의 깊게 살펴보았다면 부처님을 뵈었다고 할 수도 있습니다."

"수부티여, 서른두 가지 형상을 가졌다고 여래라 간주한다면, 비슷한 특징이 몸에 있는 전륜성왕도 여래라고 여기겠구나?"

"세존이시여, 부처님께서 말씀하신 뜻을 다시 내가 이해하기로는 서른두 가지 특별한 형상을 꼼꼼히 살펴보았다고 곧바로 여래를 알현했다고 할 수는 없겠습니다."

아직도 여전히 붓다의 겉모습을 여래의 진면목이라고 여기는 사람들을 일깨워주기 위해 이미 알면서도 모르는 체 엉뚱한 대답을 내놓은 수부티의 자비행을 갸륵하게 여기며, 세존께서 대중이 기억하기 쉽도록 네 구절로 된 노래 형식의 게를 읊어 주셨습니다.

> "형상으로 나를 보거나
> 음성으로 나를 구하는 자는
> 잘못된 길을 가고 있으니
> 여래를 볼 수 없으리라."

27 단절과 소멸을 초월한 진리

"수부티여, 만일 그대가 '여래는 신체적 특징을 원만하게 갖추지 않았기 때문에 아누다라삼먁삼보리를 얻었다'고 생각한다면, 수부티여, '여래는 원만한 신체적 특징을 갖추지 않았기 때문에 아누다라삼먁삼보리를 얻었다'는 생각도 하지 마라.

수부티여, 그대가 만일 '아누다라삼먁삼보리를 구하겠다고 맘먹은 사람은 모든 법이 단절하고 소멸된다는 생각을 할 것'이라고 생각한다면, 그런 생각도 하지 마라. 왜 그런가.

꽃이 피면 열매를 맺듯 선행을 하면 복이 따르고, 삶과 죽음이 윤회하듯 세상은 생성과 소멸을 거듭하기 때문이다.

보리를 구하는 사람은 모든 인연은 끊어지고 만물은 사라져 없어진다는 생각을 하지 않고 생을 이어가며 맑고 바른 수행을 거듭하는 법이다.

그러므로 삼라만상에 대해 끊어진다는 선입견이나 소멸한다는 고정관념을 갖지 않는다."

28 보살은 복덕을 받지도 탐하지도 않음

"수부티여, 보살이 강가 강의 모래 숫자만큼 많은 세계에 칠보를 가득 채워 보시를 한다고 하자.

다른 보살은 모든 것이 변화하는 세상에서 '나'라는 존재도, '나'라는 생각도 덧없음을 깨닫고 만물은 나와 다름없다는 믿음을 얻었다고 하자.

이 보살의 공덕은 앞의 보살이 얻은 공덕보다 더 뛰어나다. 수부티여, 그럼에도 모든 보살은 복덕을 누리지 않는다."

수부티가 부처님께 여쭈었습니다.

"세존이시여, 보살은 어찌하여 복덕을 누리지 않습니까?"

"수부티여, 보살은 모든 중생이 즐거워야 비로소 즐거워하고 하나의 중생이라도 슬퍼하면 같이 슬퍼하므로 스스로 지은 복덕에 탐을 내거나 집착하지 않는다. 그러므로 복덕을 누리지 않는다고 말하는 것이다."

29 오고 감이 없는 여래

"수부티여, 어떤 사람이 육안으로만 나를 보고 '여래는 오기도 하고 가기도 하며, 앉기도 하고 눕기도 한다'고 말한다면, 그는 지금까지 내가 반복하여 설명한 참뜻을 이해하지 못한 것이다.

여래란 와도 오는 것이 아니고 가도 가는 것이 아니다. 그래서 바로 여래라고 하는 것이다."

30 광대한 우주도 미세한 원자도 본질이 아님

"수부티여, 선남선녀가 삼천 개의 거대한 은하계를 잘게 부수어 티끌보다도 작은 원자로 만든다면, 그대 생각은 어떠한가? 원자라는 입자가 얼마나 많겠는가?"

"매우 많겠습니다, 세존이시여. 삼천대천세계를 티끌보다 잘게 나눈 입자가 천겁의 세월이 흘러도 변치 않는 본질적인 물질이라면, 부처님께서는 그것을 티끌이라고 부르지 않으셨을 것입니다.

너무 광활하여 육안으로는 보이지 않는 삼천대천세계를, 육안으로는 보이지도 않는 미립자로 아무리 잘게 부수어도 그것은 우주의 근원적인 본성이 아니므로, 부처님께서는 원자는 우주의 참모습이 아니라 이름만 원자라고 말씀하셨습니다.

세존이시여, 여래께서 설하신 삼천대천세계도 영원히 불변하는 세계가 아니라 시시때때로 팽창하고 변화하는 현상세계입니다.

수없이 많은 원자가 모여 별이 되지만 한번 태어난 별은 언젠가 소멸하고, 수시로 태어나는 별이 수없이 많이 모여 삼천대천세계를 이루고 있지만 우주 또한 끊임없이 변화를 거듭하고 있기 때문입니다."

"왜 그런가?"

"우리 눈에 보이는 세계가 실질적으로도 영원히 변치 않는 불생불멸의 존재라면 삼천대천세계는 하나로 뭉쳐져 무한히 큰 세계를 형성하고 있을 것입니다.

여래께서는 하나로 합쳐져 일합상一合相 Cosmos의 모습을 한 것처럼 보이는 우주도 실은 변화무쌍한 세계이므로 일합상이라는 것은 우주의 본모습이 아니고 이름만 일합상이라고 말씀하셨습니다."

"수부티여, 우주라는 것은 쉽게 설명할 수 있는 세계가 아니다. 삼천대천세계와 같은 거대한 현상계도 나날이 새롭게 변화하는데, 내일이 먼저 올지 내생이 먼저 올지도 모르면서 범부들은 불이 붙은 집에 앉아 머나먼 세계만 동경하고 탐내고 있구나."

31 진리나 가르침에 얽매이지 않음

"수부티여, 그대 생각은 어떠한가. 어떤 사람이 '중생은 나라는 견해, 인간이라는 견해, 중생이라는 견해, 목숨이 있다는 견해를 버려야 한다고 부처가 설했다'고 말한다면, 수부티여, 그는 내 말뜻을 이해한 것인가?"

"아닙니다, 세존이시여. 그 사람은 부처님 말씀의 본뜻을 제대로 이해한 것이 아닙니다."

"왜 그런가?"

"부처님께서 말씀하신 아견 인견 중생견 수자견이라는 것은 나라는 견해, 인간이라는 견해, 중생이라는 견해, 목숨이 있다는 견해를 가지고 다른 존재를 차별해서는 안 된다는 가르침일 뿐 아니라, 그러한 자만심과 분별심을 갖지 않아야 한다는 견해조차 다 버리고 청정무구한 부처님 맘으로 돌아가라는 뜻이기 때문입니다."

"수부티여, 가장 높고 바른 지혜를 얻고자 하는 사람은 다른 가르침에 대해서도 그와 같이 알고, 그와 같이 생각하고, 그와 같이 믿고, 그와 같이 이해하여 문자나 자구에 얽매이지 않아야 한다.

본래의 맘은 곧 붓다의 맘이요, 붓다의 맘을 가진 중생은 모두 붓다이므로 수부티여, 법이나 진리는 영원불변이라는 관념을 떠나 붓다의 맘으로 생각하고, 붓다의 맘으로 이해하고, 붓다의 맘으로 실천해야 한다. 이것이 모든 가르침을 대하는 바른 자세다."

32 모든 현상은 허상이므로 실상을 직시함

"수부티여, 만약 어떤 사람이 한량없는 아승기 세계를 가득 채운 칠보로 널리 보시한다고 하자.

선남선녀는 이 경전이나, 이 경전 안에 있는 네 구절의 게송만이라도 진심으로 받아들이고, 진실하게 가르침을 지키고, 정성껏 읽고 외워 남에게 간곡히 설명해준다고 하자.

이들이 지은 공덕은 재보로 지은 복덕보다 크다.

어떻게 설명해 줄 것인가.

모든 중생이 깨달은 자 붓다와 다를 바 없으므로 아상 인상 중생상 수자상이라는 허상도, 서른두 가지 신상을 갖추어야 붓다라 여기는 망상도, 불법은 고정불변이라는 법상도 다 버리고, 붓다와 똑같은 맘으로 흔들림 없이 설해야 한다.

왜 그런가.

현상계의 모든 형상은 꿈이요 허깨비요 물거품이요 그림자와 같아, 이슬이나 번개처럼 눈 깜짝할 새 사라지기 때문이다.

무엇에도 얽매이지 마라. 언제나 자유하고, 어디서든 자재하라."

부처님께서 설법을 마치고 좌중을 둘러보시자 온갖

허상과 망상, 법상의 굴레에서 벗어난 장로 수부티와 비구 비구니가 남녀 신도들과 어울려 더없이 큰 기쁨을 나누었습니다.

다른 하늘, 다른 세상에서 온 천신과 아수라도 여러 곳에서 온 다양한 중생들과 즐거움을 함께했습니다.

숨죽여 설법을 들은 사슴과 코끼리가 발걸음을 조심하고, 새들은 힘차게 날개를 저었습니다. 멈추었던 시냇물도 다시 우렁차게 흐르기 시작했습니다.

모두 모두 산 넘고, 강 건너 바다 저 멀리 아름다운 말들을 전해주기 위해.

글을 마치며

부처님의 두 번째 선물

갖은 고생 끝에 부처님나라에 도착한 삼장법사가 석가모니를 알현하자, 세존은 노고를 치하하며 최고의 선물을 주라고 합니다. 팔만대장경 중에서 마하카샤파가 고르고 골라 경전 한 권을 선물합니다.

삼배를 하고 물러나오는데, 의심 많은 원숭이가 돌아가기 전에 경전을 확인하자고 조릅니다. 선물 보따리를 풀어보니, 아니나 다를까. 경전이란 게 단 한 자의 글씨도 적혀 있지 않은 백지였습니다.

성질 급한 손오공이 여의봉을 뽑자 가섭존자가 빙그레 웃으며 두 번째 높은 경전을 줍니다. 저 유명한 명나라 판타지 소설 『서유기』에 나오는 일화입니다. 실제로

경장 율장 논장 등 삼장에 능통한 당나라 고승 현장은 금강경을 신주단지같이 모시고 와서 번역에 착수합니다.

금강경은 우리나라 조계종이 '소의경전'으로 받들고 있는 불법의 대종입니다. 영어가 더 익숙한 세대를 위해 요샛말로 풀이하면 메인 텍스트라는 뜻입니다. 원전은 『Vajracchedika Prajuna Paramita Sutra』.

산스크리트 원문에 충실한 현장이 『능단금강반야바라밀다경』이라고 옮긴 바로 그 경전입니다.

그런데도 2백여 년 전, 인도 변방의 작은 나라 쿠차 출신 왕자 쿠마라지바구마라집가 번역한 요진본이 더 많이 읽힙니다. 축약이 많아 훨씬 더 어렵지만 문장이 간결하고 표현이 미려한 데다, 난해한 것이 해득의 묘미를 더하기 때문입니다.

쿠마라지바로 가는 징검다리

쿠마라지바 금강경은 5천 여 자에 불과한 짧은 경전이지만, 한중일 3국에서 번역하고 주석한 전문가만 2천여 명에 달합니다. 조계종 종정을 지낸 법전 스님의 설명인데, 그만큼 함축된 의미가 깊고 높다는 뜻이겠지요.

부처님께서 입멸하신 뒤 1천 년 가까이 지나 쿠마라지바가 번역한 한문본을 토대로, 1천 년 뒤 우리 땅에서도 훈민정음 언해본이 나옵니다. 해동 최초의 번역 이후 5백여 년이 다시 지난 1924년, 민족대표 33인 가운데 한 분인 용성 스님은 현대 한글로 처음 번역합니다.

그 이후 지금까지 스님과 학자들의 번역이 쏟아져 나오지만, 여전히 용어가 어려워 쿠마라지바로 가는 쉽고 편한 징검다리가 필요한 게 사실입니다.

부처님이 오늘날 오셨으면

이 책은 주석을 생략한 대신 부처님 일대기로 설명을 보충하고, 중학생도 이해할 수 있도록 교과서에서 사용하는 용어로 옮긴 것이 특징입니다. '1품' 앞에 서두를 붙인 것이나, 삼천대천세계를 3천 개의 대운하계로 해석하고 티끌을 원자로 풀이한 게 그러한 예입니다.

민중언어 팔리 말로 설법하고 구체적인 사례를 들어 주는 것을 보면, 부처님이 오늘날 오셨다면 재즈나 랩으로 진리를 전파하셨을 것입니다.

도전이라 우려가 큽니다만, 과감한 번역 시도가 유행으로 이어져 대웅전에 모셔져 있는 금강경이 논어처럼 교양서로, 도덕경처럼 인문서로 널리 활용된다면 더 이상의 보람이 없겠습니다.

작은 책을 쓰는 데도 은인들의 도움이 컸습니다.

선화로 세상을 장엄하시는 통도사 문수암 수안 스님, 시로 사바를 정화하시는 대종사 진관 스님, 범어사 정혜 지오 스님의 방대한 책을 선뜻 내주신 승찬 스님과 김영철 회장님, 그림을 그려주신 김은숙 교장 선생님, 귀한 사진을 주신 실크로드여행사 이상원 사장님과 외우 이권훈 회장님께 우선 글로 감사드립니다.

부처님 오신 지 2567년 8월 16일

5년 전 어머니가 아버지 만나러 가신 날에

자덕 합장

참고 서적 중에서

맨발의 싯다르타

- 와타나베 쇼코 지음, 법정 옮김『불타 석가모니』
- 동국대학교 동국역경원『한글 대장경 15 본연부 7』
- 한승원, 인간의 맨발
- Andre Ferdinand Herold『*The Life of Buddha*』
- Hermann Hesse『*Siddhartha*』
- Nikos Kazantzakis『*Jorba the Greek*』

금강반야바라밀경

- 탄허 대종사『현토 5가해 금강경』
- 정혜 지오『금강경 5가해 : 범본, 6가 한역 1~5권』
- 남회근 지음, 신원봉 옮김『금강경 강의』
- 각묵 스님『금강경 역해 : 산스끄리뜨 원전 분석 및 주해』
- 백용성『백용성의 금강경 강의』
- Edward Conze『*Buddhist Wisdom : The Diamond Sutra*』
- Red Pine『*The Diamond Sutra*』